# 文旅产业创新发展探索

高学莲 编 著

吉林人民出版社

图书在版编目（CIP）数据

文旅产业创新发展探索 / 高学莲编著. -- 长春：吉林人民出版社，2023.8
ISBN 978-7-206-20266-7

Ⅰ．①文… Ⅱ．①高… Ⅲ．①文化产业－产业发展－研究－中国②旅游业－产业发展－研究－中国 Ⅳ．①G124②F592.3

中国国家版本馆CIP数据核字(2023)第179858号

## 文旅产业创新发展探索
WENLÜ CHANYE CHUANGXIN FAZHAN TANSUO

| 作　　者：高学莲 | |
|---|---|
| 责任编辑：赵梁爽 | 封面设计：张田田 |
| 出版发行：吉林人民出版社（长春市人民大街7548号　邮政编码：130022） | |
| 印　　刷：北京宝莲鸿图科技有限公司 | |
| 开　　本：787mm×1092mm | 1/16 |
| 印　　张：10.75 | 字　　数：160千字 |
| 标准书号：ISBN 978-7-206-20266-7 | |
| 版　　次：2023年8月第1版 | 印　　次：2023年8月第1次印刷 |
| 定　　价：68.00元 | |

如发现印装质量问题，影响阅读，请与印刷厂联系调换。

# 前　言

近年来，我国旅游产业蓬勃发展，旅游经济总量不断攀升，如何有效利用区域旅游发展的核心要素增强旅游发展的驱动力，实现区域旅游业的可持续发展，已成为旅游行业和旅游理论研究者共同关注的热点问题。

旅游资源是旅游发展的重要基础，文化资源是重要的旅游资源。我国悠久的历史文化造就了各地区丰富的文化遗存，这些文化资源既为旅游业的发展奠定了深厚的文化基础，也为区域旅游经济的可持续发展提供了源泉和动力。地域文化在区域旅游产业发展过程中到底扮演了什么样的角色？作为区域旅游发展的核心要素之一，区域文化对旅游经济发展的影响机理如何？如何利用好文化这一核心要素来强化旅游发展的内在驱动力？区域旅游的发展又如何更好地促进文化的保护与传承，带动文化产业的发展，从而促进区域文化的发展繁荣？

针对以上问题，本书首先从阐述文化旅游业出发，着重从旅游产业与文化产业融合的角度等进行了研究，并对文旅产业融合发展创新策略进行了深入研究，阐述旅游产业和文化产业的互动与融合创新发展，有利于区域文化、经济、社会的协调发展。

高学莲

2023 年 8 月

# 目 录

## 第一章 文化旅游产业 ················································· 1
### 第一节 文化旅游基本概述 ·········································· 1
### 第二节 中国文化旅游产业发展概况 ······························ 17
### 第三节 中国文化旅游创意园区发展分析 ························ 27

## 第二章 旅游产业与文化产业融合发展的动力 ······················ 41
### 第一节 旅游产业与文化产业融合发展的动力概述 ············· 41
### 第二节 旅游产业与文化产业融合发展的动力 ·················· 50

## 第三章 旅游产业与文化产业融合发展的手段 ······················ 74
### 第一节 旅游产业与文化产业融合发展的资源整合手段 ······· 74
### 第二节 旅游产业与文化产业融合发展的市场整合手段 ······· 87
### 第三节 旅游产业与文化产业融合发展的营销整合手段 ······· 89
### 第四节 旅游产业与文化产业融合发展的政策整合手段 ······· 92

## 第四章 旅游产业与文化产业融合发展的模式 ······················ 98
### 第一节 旅游产业与文化产业融合发展的模式概述 ············· 98
### 第二节 旅游产业与文化产业融合发展的模式方法 ············· 103
### 第三节 中国文化旅游业发展对策分析 ··························· 119

## 第五章 文旅产业融合发展创新策略 ································· 134
### 第一节 建立和完善促进融合的顶层制度设计 ·················· 134
### 第二节 确立企业的市场主体地位 ································· 137
### 第三节 强化知识产权意识，完善文化旅游资本运营 ········· 138

第四节　借力文化旅游产业园区 …………………………………… 140
第五节　探索旅游演艺新模式 ……………………………………… 148
第六节　推进文化旅游产业集团化建设 …………………………… 153

**参考文献** …………………………………………………………………… 161

# 第一章　文化旅游产业

## 第一节　文化旅游基本概述

### 一、文化旅游的内涵及要求

#### （一）文化旅游的内涵

文化旅游是以旅游经营者创造的观赏对象和休闲娱乐方式为消费内容，使旅游者获得富有文化内涵和深度参与旅游体验的旅游活动的集合，即通过旅游实现感知、了解、体察人类文化具体内容之目的的行为过程。其关键在文化，而旅游只是形式。其主要涉及经营者和旅游者两个方面。

#### （二）文化旅游的要求

1. 对旅游经营者的要求

对旅游经营者来说，要充分考虑到体现文化旅游的四个层面，并将这四个层面的文化层交织在一起，根据旅游者的需求来整理、保护、开发和利用，从而将文化融入旅游产品和旅游线路的设计之中，使游客对文化有一个全面的了解。

旅游客体包括自然景观和人文景观两大类。文化旅游的经营者在开发旅游客体即旅游吸引物时要充分挖掘其文化内涵，无论旅游客体的存在形态和性质如何，它必须富有文化内涵，否则一座光秃秃的小山、一座破旧不堪的庙宇、一块荒无人烟的草地是不可能吸引游客去游览的。因此，文化旅游的经营者应从两个方面进行突破：一是要赋予自然景观以文化内涵；二是要保护好人文景观的文化氛围，还需要深入挖掘人文景观的文化内涵。

2. 对旅游者的要求

对旅游者来说，文化旅游就是一种旅游形式，因此应改变旅游者以往将自身作为"看客"的观点和以"身临其境"为满足的旅游观念，努力提高旅游者对旅游景点的文化鉴赏水平。旅游的开发经营者应积极帮助旅游者正确理解景观中的文化内涵，提高旅游者（主体）的旅游鉴赏能力。当然，更重要的是旅游者应自觉主动地提高自身的文化素养。

## 二、文化旅游的核心

文化旅游的概念明晰之后，"创意"就成了文化旅游的核心。而创意的本质在于寻求特色和差异，这与旅游的本质是一致的。

旅游主要是从资源的角度出发寻找差异和特色，无论其挖掘过程是否考虑了市场需求和竞争关系，其着眼点仍离不开资源。而文化旅游则在一定程度上摆脱了资源的束缚，它能够综合各种因素，对资源、环境、市场、社会背景等诸多方面进行创造，即"创意"。离开了创意，文化旅游就会失去魅力和生命力。

实际上，随着社会经济的快速发展，创意产业在世界各地已经兴起。其中，英国、美国、日本、韩国等较为典型，多由政府亲自出面来推动创意产业的发展。创意产业涉及的领域十分广泛，包括广播、影视、文学艺术、新闻出版、印刷、建筑设计等。与文化旅游较为密切的创意产业主要包括演艺娱乐、民间工艺品的生产和销售、会议展览、文化节庆等。

创意产业也叫文化创意产业或文化产业。文化产业与旅游产业由于命名的角度不同，其区别和联系很难界定，但文化产业与旅游产业有着天然的耦合性，两者通过融合，可以互相繁荣，实现双赢或多赢。同时，文化旅游产业也可以划入文化产业的范畴，故文化旅游产业可以理解为以创意为核心、以文化为灵魂、以科技为支撑、以旅游为形式的产业形态。

## 三、旅游与文化的关系解读

### （一）文化是旅游的灵魂

1. 文化是旅游资源的魅力所在

很多文化资源只要稍加开发，就可以成为富有吸引力的旅游产品。大量的人文旅游资源都具有丰富而深邃的文化内涵，游客要善于发现、欣赏和感悟它们，旅游工作者要善于开发、利用它们，当然，这些都要求游客和旅游工作者具备较高的文化素养。

2. 文化是旅游业兴旺发达的内在源泉

众所周知，一个没有文化的企业是没有活力的企业，没有前途的企业，没有灵魂的企业，也是必定被市场淘汰的企业。旅游企业也不例外。一个文化氛围浓郁、文化底蕴深厚的旅游企业对内可以团结员工、凝聚人心，对外可以吸引顾客、获得效益。

3. 文化交流是旅游业实现社会效益与经济效益的重要途径

就社会效益而言，进行文化交流可以开阔眼界、增长见识、增进了解、加强沟通、提升友谊；就经济效益而言，文化交流可以获得更多的信息流、资金流和人才流，有利于促进客源地和目的地提高经济效益。

## （二）文化是旅游产业发展的重要根基和资源基础

从旅游产业的角度看，文化是旅游产业发展的重要根基和资源基础。2009年，联合国教科文组织公布了文化统计框架所列的8类文化构成，其中的文化遗产、环境与自然、社会文化活动等是旅游的主要资源，其他几类也都与旅游有间接关系。旅游产业要持续健康发展，必须高度重视对文化资源的利用，不断提升旅游产业的文化内涵和品位。文化与旅游之间是"灵魂"与"载体"、"内涵"与"外延"的关系。实践证明，旅游活动不但可以增强人们对相关文化的认识和理解，促进文化的发扬和传承，而且可以实现文化资源的保值、增值，甚至创新，从而为文化的发展提供强大的物质基础。因此，文化产业与旅游产业具有很强的融合性，可以在融合中实现相互提升和共赢。

## （三）旅游是挖掘文化内涵和实现文化功能的载体

缺乏文化内涵的旅游是没有灵魂的旅游，缺乏文化品位的旅游产品很难有吸引力和生命力。旅游是实现文化教化功能与娱乐功能的载体，是挖掘文化、优化文化、丰富文化和保护文化的有效途径。

1. 旅游业的发展有利于挖掘文化

随着旅游业的快速发展，人们对文化与旅游关系的理解不断深入，文化已经成了旅游业竞相追逐、竞相挖掘的对象。云南的"丽江古城"和"香格里拉"、湖南的"凤凰古城"和"芙蓉镇"等，都是通过对特殊文化的发掘而赢得广大游客的青睐。可见，旅游业发展有利于挖掘文化。

2. 旅游业的发展有利于丰富文化

旅游业是一个极富创造性的行业，其创造的核心是文化品位的不断提升、文化内涵的不断深化和文化底蕴的不断丰富。世界各地，包括中国的许多城市，之所以在旅游业中占有一席之地，很大程度上是因为对文化的挖掘。

3. 旅游业的发展有利于保护文化

旅游资源的开发过程，也是对文化进行抢救的过程。对旅游项目的开发，一定要注意对文化的渗透和保护。为了更好地开发和保护一些重要的、特殊的文化，也为了更好地对国内外游客开放设施，政府往往会投入巨资对一些旅游资源进行修葺和保护，如我国藏族建筑的瑰宝——拉萨的布达拉宫等文化遗产。

## (四)旅游产业是文化资源的重要载体

旅游与文化有着天然的、不可分割的联系。文化是旅游的灵魂,旅游是文化的重要载体;没有旅游的文化就没有活力,没有文化的旅游就没有魅力。站在旅游产业的角度,抓住了文化就抓住了核心价值;站在文化产业的角度,抓住了旅游就抓住了一个巨大的市场。旅游为文化的交流和传播提供了平台,为文化资源的开发提供了载体,促进了文化的保护与传承。要不断地加大对文化的有效利用,提升旅游的文化品质,推动旅游产业的优化升级,从而提升产业的竞争力。

旅游与文化相得益彰、密不可分,旅游与文化产业的融合是大势所趋、已成必然。因此,要在新时期、新阶段发挥旅游业推动文化大发展、大繁荣的重要作用,必须牢固树立文化是旅游之魂、旅游是文化之翼和加快推进旅游与文化产业融合发展的理念,积极探索旅游与文化产业融合发展的思路和途径。

旅游产业发展的实践充分证明,旅游业的发展离不开文化。旅游业要实现又好又快的发展,也必须借助于文化。文化与旅游有机融合、充分合作,才能形成旅游业大繁荣、大发展的局面。

## (五)旅游的发展离不开对文化的保护、挖掘和市场开发

### 1. 保护文化资源,就是保护旅游资源

从长远来看,必须坚持文化资源"在合理利用中得到保护,在有效保护中加以利用"的原则,绝不能因为追求眼前利益而损害文化资源。可以说,保护文化资源,就是保护旅游资源。

### 2. 挖掘文化资源，就是挖掘旅游资源

实践证明，独具魅力的文化资源，一定会赢得游客的青睐。所以，对旅游资源的开发，必须首先进行深入、系统的调研和发掘，明确其中的文化内涵，做好文化资源的遴选和保护工作，以便保护和挖掘文化，形成旅游资源的独特魅力。所以，挖掘文化资源，就是挖掘旅游资源。

### 3. 抓住文化市场，就是开发旅游市场

把握好文化与旅游融合发展的总体战略部署，鼓励多元化资金投入和多元化经营，做强做大一批具有竞争力的企业。开发者应善于研究旅游市场，把握好旅游者求新求异与求美求知的结合点、休闲娱乐与文化需求的结合点。可以说，文化抓住了旅游，就使得文化的市场价值和消费作用更加明显，经济效益更为突出；旅游抓住了文化，就使得旅游更有内涵、更有品位、更有魅力。

## 四、旅游文化的基本特征

### （一）综合性

#### 1. 旅游文化主体的综合性

旅游文化主体——游客，其不同的年龄、信仰、职业、种族、兴趣、习俗等都会制约并影响各自对旅游文化的接受、加工、创造与重温。作为旅游文化的主导性因素，各种成分的旅游文化主体使旅游文化具有复杂、不断变动、不同理解和整合的特征。旅游文化主体参与此类活动的文化消费，由此也使旅游文化具有丰富多彩、形色各异的特征。

### 2. 旅游文化客体的综合性

旅游文化的客体——旅游对象（产品），有作为物质形态的山水名胜、城乡景观，也有凝结在人文景观之中的文化精神和民俗积存，有时代印记很强的古代、近代和现代文化，也有古今中外普遍接受的文化因子，还有特定的宗教、哲学、政治、经济等其他文化分支等，从而使旅游文化客体满足旅游者多种文化需求、多种混合旅游需要。游客不论是为了求知、求新、求美、求险，还是求舒适、求消遣、求放纵、求健康等，都可以从多重多维组合、几乎无所不包的旅游文化客体中找到适合自己的旅游产品，从而获得旅游所追求的新鲜感、充实感和愉悦感。

### 3. 旅游文化媒介的综合性

旅游文化的媒介——旅游业和贯穿在其中的旅游活动，是旅游三要素中最具综合性的组成部分，其贯穿于旅游六大要素（吃、住、行、游、购、娱）的始终，如饭店、宾馆、交通工具、旅行社、商店、娱乐场所及旅游纪念品的生产与销售等。同时，所有这些都日趋与特定旅游景点和地区风物、民俗风情等相结合，往往带有特定的丰富的文化内涵。可见，现代旅游实际上已经成了一项以文化交流、文化消费为基础，涉及社会各类成员，包括多种形态的旅游客体，又借助于日益丰富的旅游媒体的综合性的大众文化活动。

## （二）民族性

### 1. 民族性是旅游文化的精髓

旅游文化不仅涉及某一民族文化的方方面面，还起着各民族文化接触交流的不可替代的纽带作用。民族个性是旅游文化的精髓，浓郁的民族个性交织在旅游文化的各个层面之中，得到强化和尊重，故旅游景点的开发和建设要注意挖掘民族的个性特征，导游从业人员要熟悉该民族的历史。

2. 一个民族要尊重其他民族的文化习俗

在民族间的跨文化旅游中，旅游主体不仅要注意本族文化的个性，还要了解和尊重其他民族的文化习俗。

3. 不同民族、地区间的相互吸引、接触和交流，是旅游文化最具魅力的地方

"文化涵化"既是一种过程又是一种结果。这是两种或两种以上文化接触后互相采借、影响所致。游客可以在惊叹异地的民俗风情。感知异域的奇丽风光的过程中产生夺魂震魄的审美愉悦。异族旅游者带来的异质文化和特殊需求，也会刺激并促进某一特定民族、国家、地区旅游经济的繁荣，驱动其旅游文化发展找到或更新侧重点，从而在不同文化模式的撞击、整合中推动旅游文化的进步。

## （三）大众性

1. 社会经济水平的提高和生活节奏的加快，大大促进了大众化旅游的发展

社会经济水平的提高和生活节奏的加快，直接促使越来越多的人选择旅游作为调节身心健康的方式。还有不少人即使没有条件也要创造条件外出旅游，以便更好地开展工作。

**2. 社会旅游的兴起与增多,使低收入人群参与旅游成为可能**

很多经济发达的国家采取与出游有关的措施,出台政策,促使国家、地方政府、单位、工会或户主所属其他团体通过提供资助、补助的方法,组织低收入家庭外出旅游。尽管这类旅游的消费水平相当有限,但显示出旅游文化的普及、深入和旅游者的大众化。

**3. 规范化的旅游制度的建立和创新,有力地推动了大众旅游活动的开展**

规范化指的是旅游者在旅行社的组织安排下,借助各类旅游企业提供的相应旅游产品和服务,按照事先预定的时间、线路和活动内容,有计划、有步骤地开展并完成全程旅游活动。此外,一些零散旅客也时常购买或利用这类产品和服务来实现旅游愿望。这种旅游文化制度上的创新,既满足了大众旅游的需要,又有力地推动了大众旅游活动的开展。

此外,现代旅游文化的大众性,还可同现代企业管理的某些激励机制结合起来。例如,有特殊贡献或才能的员工常常会被企业以公费旅游的形式进行奖励,而且这种被奖励旅游的人员规模正在快速扩大,从而给旅游文化的大众性增添了现代管理的趋势。这种出游形式同时也成为颇具吸引力的度假消遣方式之一。

## (四)地域性

俗话说:"一方水土养育一方人。"推而广之,"一方水土培育一方文化"。作为文化复合体的旅游文化,是众多特定地理范围的文化产物,不论是历史传承还是空间移动扩散,都离不开特定的地域。

从历史上看，人类的地域行为之历史过程可远溯至游牧生活时代，可见地域行为深深地扎根于人类的进化过程之中，从而使人们喜爱并且不愿意离开自己及自己种族生活的地域。但现代旅游文化的观念却坚信："只有当人们对其所居住的环境以外的事物产生广泛的兴趣时，只有当游客出于他本身的意愿去注重与陌生而新鲜的事物建立联系，并能估价和享受它们时，才有产生旅游活动的可能性。"可见，注意在旅游文化的地域性上做文章是相当重要的。

### 1. 力争凸显地域特色和乡土气息

旅游文化的地域性要求它注重地方特色和乡土气息的体现，设计与突出有自身地域特色的旅游产品。文化的地域性，从本质上说就是社会中的一套文化特质和文化集结的组合，一种文化就是在一个地方共同体群落中发现的文化规划的聚合，即特定区域源远流长、独具特色、传承至今仍发挥作用的文化传统。它是特定区域的生态、民俗、传统、习惯等的文明表现。它在一定的地域内与环境相融合，从而打上了地域的烙印，具有独特性。地域文化中的"地域"是文化形成的地理背景，范围可大可小；地域文化中的"文化"可以是单要素的，也可以是多要素的。

### 2. 旅游文化的地域性特征，通常由核心区与边缘区组成

核心区所体现的地域旅游文化特征比较集中而典型，边缘区则常常出现两种或两种以上地域文化混合交汇的特征。例如，我国鲁南一些地区与苏北、豫东毗邻，和齐鲁旅游文化区核心区的特征就有所不同，受相邻的苏北、豫东的区域文化影响，游客在那里可以感受到苏北风情，听到河南坠子等。

3. 旅游文化的地域性，决定了特定地域旅游文化的漂移和扩散

一般来说，如果两个地区间的文化模式的共同点是相互接近的，其交流和扩散就易于发生，并不完全以彼此间的空间距离来决定其差异的程度。当然，不同区域间旅游文化的地域性相似，也会形成竞争，因而这些区域会更迫切地提出对带有地域特色的旅游资源进行发掘建设的相关问题。

## （五）直观性

直观性就是指旅游客体的美感设计直截了当，通俗易懂，让普通游客能直接感受到，并能当场鉴赏，无须运用太多的知识或理论加以长时间的分析和甄别。也就是说，旅游客体对象直接作用于旅游主体的视听感知。这也是旅游所具有的新奇感人的魅力之所在。

1. 多数的旅游资源具有直观性

在自然旅游资源和人文旅游资源两大体系中，后者又可分为有形的和无形的两类。有形的人文旅游资源主要包括历史文物古迹、民族文化及相关场所、大型体育和文化盛事、文化娱乐场所、项目及某些经济建设成就等，所有这些人文旅游资源都具有旅游文化直观性的特征，它们与自然景观相互呼应，最大限度地吸引旅游文化主体。

2. 将旅游文化的内在美通过旅游资源的外部形式展示出来

每一旅游资源的外在景貌背后，都凝结着特定的审美因子和文化内涵，延展着其作为有形的线条、形体、色彩、律动、力度和空间布局等形式的价值功能。因而旅游文化建设的一项重要任务就是

将旅游客体蕴藏的美学价值通过其外在的形式直观地表达出来，其表里如一，通俗易懂，让普通的旅游者能直接鉴赏其蕴含的内在美。

3. 通过科技手段提升旅游文化的美学价值

旅游文化的直观性表现在客体方面，还可以通过科技手段尤其是电子媒介、网络平台等进行扩大延展。如有些现代化的电子游乐设备或展览室等具有直观体验的刺激性、实感性，可让旅游主体全身心地融入特定的情境氛围之中，集宣传、游乐、陶冶、交流等功能于一体，从而提高游客赏美和观光的效率。

4. 现代化的旅游传媒，有利于提高旅游文化的直观性

旅游文化的直观性还表现在旅游媒体方面。从服务于主体的旅游管理机构到相关从业人员，都会不知不觉地成为旅游主体观察、接触、感知、体验的一部分，其文化观念、文化素养等在主、客体交流中会得到全面而真实的流露，会直接影响到服务的效果。

## （六）传承性

传承性是从纵向、时间角度而言的，与旅游文化地域性的横向、空间角度形成对应关系。任何文化景观都是人类文化经过长期历史演变的结果。文化沉积也说明了旅游文化有自身的文化层和变化规律，是逐渐演变进化而来的。

1. 旅游文化的传承性体现在物质层面

旅游文化的传承性首先体现在物质层面。从物质层面而言，现存的自然景观如名山大川、海洋湖泊等大多都带有人类旅游文化的印记。人类把自身的烙印铭刻在这些自然物上面，以便于后来的旅

游者不再从零出发欣赏自然的美。而现存的人文景观既有古代社会留下的遗址胜迹，又有后人在古代建筑风格影响下建造的仿古建筑等，所有这些都凝结着人类的旅游文化。

2. 旅游文化的传承性体现在制度层面

虽然旅游文化的传承性不全以人的意志为转移，但在现代旅游文化观念支配下的人类，却应该从制度层面确保人们能够摆正对传统的态度，兴利除弊，推陈出新，在对各种旅游文化要素的选择、吸纳、加工和融合中，继承人类的精华，从而开拓旅游文化的新领域。

3. 旅游文化的传承性体现在观念层面

从旅游文化的观念层面来说，不少宝贵的旅游文化观念仍然启迪着一代复一代的后来者，也有不少未必值得继承的相关观念影响着人们，如古代中国与西方都有的修身旅游观、相沿至今的宗教朝圣旅游观等。

## （七）自娱自教性

旅游文化对旅游主体而言是一种和谐欢乐的文化，是一种满足人们求新、求异、求娱、求乐的需求的文化，其给参与者带来的情感体验是乐观积极的。

1. 旅游文化可激发人的求知本能、好奇本能、结群本能和建设本能

旅游活动极为适合人的某些共同本能需求，旅游文化在满足这些本能需求的同时，还能激发个体作为生命体的深刻而强烈的人生体验，激发人对于生活、生命的热爱，从而促使游客以更为乐观积极的态度拥抱人生，为此也更有了解、体验人类文明成就和自然景

观的兴趣与热情。旅游活动常常同人的某种精神需要、情感需求结合起来，使其超越空间和旧有格局，达到愉悦精神的目的。同时，旅游往往使人来到一个久已向往却相对陌生的环境里，让人喜不自禁、开阔眼界，在结交新朋友的过程中得到莫大的愉悦和满足。此外，旅游还打破了人们生活的旧有格局和因循节奏，让旅游者获得"行万里路胜读万卷书"的快感。

2. 旅游文化的丰富内容，适合旅游者自我目标的实现

对旅游主体——旅游者而言，参与旅游活动与否，以何种形式参与，完全是自主自愿的。丰厚的旅游文化资源、众多的消遣娱乐方式、多样的交通方式，为旅游者的自由选择，为旅游者最大限度地、随意不拘地实施自己的旅游实践提供了广阔的空间。无论是旅游路线、旅游景点、游览时间、消费方式，旅游者都可以根据自身的身体状况、兴趣热点、经济实力等量力而行，从而最大限度地实现自身的旅游目标。

3. 旅游文化的自教自娱性，体现在旅游主体实现自教自娱的方式上

旅游活动是一种个体全身心投入的人生体验，是生命价值潜移默化地实现的一种过程。旅游实践中的自教，往往并非有意为之，而是寓教于乐、乐在其中。旅游带给主体的精神感受，往往是旅游主体始料不及的，这种感受有时很难分清是消遣享受还是文化陶冶。旅游活动中对人生体验、知识积累、生活视野的丰富和拓展，几乎是每一个旅游者都期望得到的。

4. 旅游文化的自教自娱性，与旅游本身的新异性质有关

旅游具有超血缘、超地缘性，不同的旅游者来自四面八方，素昧平生，会聚到同一个旅游地。彼此间的交往，可以充分激发与调动个体生命的活力，有利于旅游者适应新的自然环境和人文环境。通过旅游实践的感知体验，人们不会再固执地只将自己的价值观和行为方式强加给别人，而会欣赏并接受跨地区、跨文化的事物，同时也易于对自身的过去和现状进行反思深省，有利于对自己国家、民族的历史和文化进行客观清醒的评估。

## （八）季节性

旅游文化的季节性主要取决于旅游资源的地理分布、旅游资源的季节性变化和旅游者的旅游习惯。季节性在现代旅游中表现得更为突出。一般来说，表现在旅游文化主体上的季节性，度假旅游要大于其他旅游；表现在旅游文化客体上的季节性，自然景观强于人文景观。

1. 旅游客体具有季节性变化

旅游客体，不论是自然景观还是人文景观，都会因气候的季节性变化而变化。当然，其变化的程度还取决于地理纬度。如温带气候的季节性变化就特别明显，从而影响到自然景观的观赏性，如雾凇、雪凇等都直接取决于气候条件。此外，也有不少人文旅游产品与气候的季节性变化有关，如爬山、狩猎、滑雪、骑马、游泳等，还有一些民俗、节庆活动，如泼水节、火把节等也都具有季节性。

2. 旅游主体具有季节性变化

旅游文化的季节性也体现出旅游者出游的季节性特色。旅游主

体对景观的评价会因季节因素的影响而不同，同时闲暇及出游习惯等也已形成季节性的规律。在不同地区，由于季节的不同，天气情况和日照时间也不同，特定的旅游资源在该地区呈现的价值也会有所变化。如海滨资源在炎热的季节和日照时间较长的地区评价较高，滑雪运动在寒冷时间较长的地区评价较高。

3.旅游文化媒体具有季节性变化

旅游文化的季节性还表现在旅游文化媒体如何应对因季节变化带来的淡季和旺季的挑战。旺季与淡季是相对的，它们处于旅游文化总体格局之中，所以旅游文化媒体在不同季节关注的重点也是大不一样的。如在旺季，往往要调动各方面的人力、物力，协调合作，以提高旅游服务的接待能力和效率。而在淡季，则更要突出旅游文化媒体的文化积累，把较多的精力投放到员工素质提升、人员培训等方面；同时适当降低旅游和住宿费用，更多地接纳旅游成分较少的学术会议团体；建造、整修相关的服务设施和场所等。

# 第二节　中国文化旅游产业发展概况

## 一、中国文化旅游市场逐渐成形

文化是旅游的灵魂，旅游是文化的载体。文化旅游是一种以消费、体验与享受文化为核心的旅游活动类型。"文化"与"旅游"两个概念的广泛性，使得文化旅游的涵盖面也极为宽泛：有历史层面的，也有现代层面的；有民俗层面的，也有宗教层面的；有物质层面的，也有精神层面的；有古迹、建筑、艺术、节庆、饮食等具体的文化表现形式等，不一而足。文化旅游内涵的丰富性，吸引着越来越多的旅游者，文化旅游业的开发也因此变得如火如荼。

我国经济社会的快速发展，为旅游关联产业的发展提供了广阔的空间。近年来，旅游业持续领跑我国经济，对消费和投资的战略性支撑作用更加显著，许多地方相继出台对旅游业的扶持政策，为旅游行业的发展扫清了障碍。其中，文化旅游是近年来我国旅游业的重头戏，众多省、区、市纷纷将文化旅游列入政府报告和规划，部分省、区、市甚至将其直接列为区域战略性支柱产业。各地通过争夺、整合和共享文化旅游的优势资源，正逐步实现文化与旅游的产业融合，其产业链条初步成形，并为当今及未来行业深层次改革奠定了基础。

### （一）旅游经济稳步增长

城乡居民出游人数年均增长10%左右，旅游总收入年均增长11%以上，旅游直接投资年均增长14%以上。截至2020年，旅游市场总规模达到67亿人次，旅游投资总额2万亿元，旅游业总收入达到7万亿元。

### （二）综合效益显著提升

旅游业对国民经济的综合贡献度达到12%，对餐饮、住宿、民航、铁路客运业的综合贡献率达到 85% 以上，年均新增旅游就业人数 100 万人以上。

### （三）人民群众更加满意

"厕所革命"取得显著成效，旅游交通更为便捷，旅游公共服务更加健全，带薪休假制度加快落实，市场秩序显著好转，文明旅游蔚然成风，旅游环境更加优美。

### （四）国际影响力大幅提升

入境旅游持续增长，出境旅游健康发展，与旅游业发达国家的差距明显缩小，在全球旅游规则制定和国际旅游事务中的话语权与影响力也明显提升。

研究表明，改革开放以来，特别是进入 21 世纪以来，我国旅游业各项指标正在稳步快速发展，其中，"文化"魅力功不可没。我国的文化旅游产品以其丰富的文化内涵、相当大的发展规模和精深的人文底蕴独占鳌头，成为国内旅游主战场和居民消费的重要领域，成为旅游市场中最具竞争力的优势产品。当然，在此背景下，旅游业如何借文化进一步提升魅力，文化如何借助旅游增强活力，最终实现产业融合发展，实现大旅游产业的整体升级，已成为当前文化旅游业发展的一个重要课题。

## 二、中国文化旅游资源丰富多彩

我国历史悠久、幅员辽阔、文化璀璨，许多地区都拥有值得保留和传承的文化资源。文化与旅游相结合而形成的旅游产品的形式，大致有以下九大类。

## （一）遗址遗迹类

遗址遗迹类是指已废弃的、目前不再有实际用途的人类活动遗存和各种构筑物，即从历史、审美、人种学或人类学角度看具有突出的普遍价值的人类工程或人与自然的联合工程以及考古地址等。遗址是指人类活动的遗迹，属于考古学概念。遗址的特点主要表现为不完整的残存物，且具有一定的区域范围。事实上，很多的史前遗址、远古遗址都已深埋地下。

## （二）古城古镇古村类

中国历史文化名城、名镇、名村和街区是中国政治、经济、文化等方面的产物，是几千年中华文明的载体，是中华民族宝贵的文化遗产，是中华民族发祥生息的摇篮，更是中华文明发扬光大的源泉。

古城，一般就是指历史文化名城。根据《中华人民共和国文物保护法》，历史文化名城就是指"保存文物特别丰富，具有重大历史文化价值和革命意义的城市"。截至2012年年底，国务院已批准国家级历史文化名城118个。

古镇，一般指有着百年以上历史的供集中居住的建筑群。我国历史悠久，广阔土地上有着很多文化底蕴深厚的古镇，其中有部分已经被联合国教科文组织列入世界文化遗产。我国古镇旅游快速发展，但在这良好发展态势的背后，其面临的旅游压力逐渐显露出来，旅游开发给古镇保护也带来了诸多的问题。

古村，是指保留古朴民风、建筑风格及生活方式，保留历史习惯的自然村落。从广义上说，古村是指保留至今的古代民居建筑群落的总称；从狭义上说，古村是指历史年代久远、遗留至今、具有科学研究价值和历史研究价值，且需要保护或已经受到保护的古代民居建筑群落。它涵盖了三层意思：一是历经岁月沧桑不断延续和演绎，仍然遗留下来的古代民居建筑，至今仍为现代百姓沿用或居住；二是具有历史传统特色的古民居、古街、古巷、古道、宗祠、寺庙等，在景观上与现代民居有很大反差，是一种特殊的区域文化景观；三是从深层面看，古村是封建思想、文化、宗法礼制及族权观念交融的外化表象，对研究我国封建社会极具特殊的意义。

古村由于具有古老的建筑风貌、丰富的文化内涵、独特的古韵生态及历史价值，所以对旅游者具有强烈的吸引力，并为旅游业所开发、利用，因而被纳入旅游资源的范畴，故古村旅游已成为一种新兴的旅游类型，并呈现出不断升温的发展态势。古村是一个特殊的旅游客体，与一般旅游资源相比，其自身具有特有的性质。

## （三）主题公园类

主题公园是指根据某个特定的主题，采用现代科学技术和多层次活动设置方式，集诸多娱乐活动、休闲要素和服务接待设施于一体的现代旅游目的地。其往往以某一主题或几种主题为内容，是投资额大、科技含量高、收取入场费的独立的休闲娱乐场所。它主要以文化复制、文化移植、文化陈列及高新技术等为手段，以虚拟环境塑造与园林环境为载体来迎合消费者的好奇心，是一个以主题情节贯穿整个游乐项目的休闲娱乐活动空间。

## （四）商业街区类

商业街区是指由众多商店、餐饮店、服务店共同组成，按一定结构比例规律排列的商业繁华街道，是城市商业的缩影和精华，是一种多功能、多业种、多业态的商业集合体，也是人流聚集的主要场所。商业街区有以下两种分类方式。

1. 按商业街区的商圈规模划分

（1）中心商业街区。其是指市级商业街区，是所在城市的零售中心，也是该城市最大的购物区之一。其主要特点是商圈规模较大，区域外消费人群比例在总人流量的70%以上；业态店、业种店的种类多样，至少以1家大型的百货店为主体，带动周边众多专业店和专卖店；经营的商品和服务选购性强，不以便利性为主。

（2）次级商业街区。其又称区域性商业街区，是所在区域的商业中心。其主要特点类似于中心商业街区，并在一定的条件下可以发展和演变成中心商业街区。

（3）邻里商业街区。其又称社区商业街区，即存在于居民区中，为居民区的居民提供便利性商品和服务的商业街区。其特点与上述两类商业街区相对应，商圈规模较小，消费人群基本为社区及周边居民，主要由超级市场、便利店和小型专业店构成；提供的商品和服务以便利性为主。

2. 按商业街区经营商品的类型划分

（1）专业性商业街区。其是指由经营的商品类型相同或属性相似的商店汇集在一起而形成的商业街区。

（2）综合性商业街区。其是指多种经营商品类型和属性的商店汇集在一起而形成的商业街区。

## （五）旅游综合体类

旅游综合体是指基于一定的旅游资源与土地，以旅游休闲为导向进行土地综合开发而形成的，以互动发展的度假酒店集群、综合休闲项目、休闲地产社区为核心功能构架，整体服务品质较高的旅游休闲聚集区。作为聚集综合旅游功能的特定空间，旅游综合体是一个泛旅游产业聚集区，也是一个旅游经济系统，并有可能成为一个旅游休闲目的地。

"旅游综合体"的出现是"旅游消费模式升级（从单一观光旅游到综合休闲度假）、景区发展模式升级（从单一开发到综合开发）、地产开发模式升级（从传统住宅地产到综合休闲地产）"共同作用的结果。它印证了"旅游综合体"必然是推动旅游产业再次升级的主力引擎，同时也决定了其中的五大核心特征：以一定的旅游资源与土地为基础，以旅游休闲功能为主导，以土地综合开发为手段，以休闲地产产品为核心，以较高品质服务为保障。

## （六）产业园区类

产业园区是指由政府或企业为实现产业发展目标而创立的特殊

区位环境。它是在一大片土地上聚集若干企业的区域。其特征主要包括：开发较大面积的土地；大面积的土地上有多个建筑物、工厂以及各种公共设施和娱乐设施；对常驻公司、土地利用率和建筑物类型实施限制；详细的区域规划对园区环境规定了执行标准和限制条件；为履行合同与协议、控制与适应公司进入园区、制定园区长期发展政策与计划等提供必要的管理条件。

产业园区是区域经济发展、产业调整和升级的重要空间聚集形式，担负着聚集创新资源、培育新兴产业、推动城市化建设等一系列的重要使命。园区的具体形式多种多样，主要包括高新区、开发区、科技园、工业区、产业基地、特色产业园等，以及近年来各国、各地区陆续提出的产业新城、科技新城等。

## （七）旅游（新）区类

旅游（新）区是表现社会经济、文化历史和自然环境统一的旅游地域单元，一般包含许多旅游点，并由旅游线连接而成。旅游（新）区的建设对旅游业和地方经济的发展至少起到以下三个方面的作用。

1. 有利于旅游资源的综合利用，使旅游向深度和广度发展

搞好旅游（新）区建设要结合旅游资源的特点，做好旅游服务设施的配套工作，使旅游（新）区既有本地特色，又能多层次、多方式地开展旅游活动。如在服务、交通等附属设施配套的前提下，山区夏季可开展避暑、疗养、科学考察等活动，冬季可进行滑雪、狩猎等特种旅游项目，这有利于解决旅游业季节性旺淡不均的问题，并可最大限度、合理地利用旅游资源。

2. 有利于扩大客源,增加国民收入

通常旅游者数量与旅游收入呈正比。从长远利益出发,要使旅游者源源不断,必须充分发挥旅游(新)区内的各种旅游资源的作用,搞好旅游区建设。

3. 有利于旅游业的远景规划,使其与本区各部门相互协调

旅游区的界线一般与行政区域保持一致。地区旅游业的发展,离不开农业、商业、邮电、环保、建筑、服务等部门的配合。故在建设旅游(新)区时,一定要对其方向、性质和规模进行充分的论证,使各项规划相互协调,下位规划服从上位规划。

## (八)宗教文化类

宗教是人类社会发展进程中的特殊的文化现象,是人类传统文化的重要组成部分,它影响人们的思想意识、生活习俗等。从广义上讲,宗教本身是一种以信仰为核心的文化,又是整个社会文化的组成部分。

宗教在适应人类社会长期发展的过程中形成了特有的宗教信仰、宗教感情和与此种信仰相适应的宗教理论、教义教规,还有严格的宗教仪式和相对固定的宗教活动场所,有严密的宗教组织和宗教制度等。所以,宗教本身就是一种文化。宗教在其形成和发展过程中不断地吸收人类的各种思想文化,与政治、哲学、法律、文化(包括文学、诗歌)、建筑、艺术、绘画、雕塑、音乐、道德等意识形态相互渗透、相互包容,逐步形成属于自己的宗教文化,并成为世界文化的重要组成部分。

## （九）民风民俗类

民俗文化是民间民众的风俗生活文化的统称，也泛指一个国家、民族、地区集中居住的民众所创造、共享、传承的风俗生活习惯。它是在普通人民群众（相对于官方）的生产生活过程中所形成的一系列物质的、精神的文化现象。它具有普遍性、传承性和变异性。

而民风民俗又是指特定社会文化区域内历代人们共同遵守的行为模式或规范。风俗具有多样性。在习惯上，人们往往将由自然条件的不同而造成的行为规范的差异称为"风"，而将由社会文化差异所造成的行为规则之不同称为"俗"。所谓"百里不同风，千里不同俗"，这句话恰当地反映了风俗因地而异的特征。

将中华民族重要文化资源宝库中的文化资源转化为旅游产品，使之得到保护、传承和弘扬，并在新时代迸发出新的生命力是当代人应尽的责任。各地尤其应将文化与旅游融为一体，将文化贯穿于旅游的吃、住、行、游、购、娱的各个要素中，发挥旅游对文化消费的促进作用，延伸文化旅游发展的产业链，从而带动区域经济快速发展。当然，发展大旅游如同彩线穿珠，串起的不仅仅是酒店、景区等传统旅游业，还应串起文化、科技、商业等相关产业。因为有了旅游，地方的这些产业才有了新的发展机遇，而各产业的优化组合也促进了旅游业的繁荣发展，实现了传统文化与区域经济的双赢。这种融合式的发展正是大旅游发展机制的精髓，也是文化旅游业带来的聚合效应，而这种聚合效应也将推动区域经济呈现繁荣发展的新格局。

## 三、文化内涵成为旅游业发展的新热点

文化是旅游的灵魂。突出旅游文化特色，是培育旅游经济核心竞争力的关键。从产业发展的角度看，旅游产业和文化产业相互融合，相得益彰，密不可分。文化的内涵决定着旅游产品的价值和品位，是旅游业增强吸引力、竞争力、影响力的关键所在，也是支撑旅游业可持续发展的核心资源。当然，旅游也是文化的载体，通过旅游寓教于乐、寓教于游，能将我国悠久的灿烂文化广为弘扬、代代相传。所以，只有紧紧抓住文化和旅游的内在联系，才能逐步提升旅游品位，促进旅游业转型升级，形成旅游与文化的双赢。西安的曲江新区就是以文化产业和旅游产业为主导的城市发展新区，其核心区带来的影响带动了大明宫遗址保护区、法门寺文化景区等的发展，这就是文化与旅游相融合、推动区域经济发展的经典案例。其在发展"文化旅游+观光旅游"复合模式的同时，还形成了"综合性旅游+反哺区域经济"的大旅游样本，而这种大旅游的本质就在于整合区域资源，谋求综合性旅游发展，并通过文化旅游反哺地方经济，从而成为区域经济发展新的增长极。

# 第三节 中国文化旅游创意园区发展分析

文化旅游创意园是一系列与文化有关联的、产业规模集聚的特定地理区域，是具有鲜明文化形象并对外界产生一定吸引力的集生

产、交易、休闲、居住于一体的多功能旅游园区。园区内形成了一个包括生产—发行—消费等产、供、销一体化的文化产业链。

成功的文化旅游创意园区应该是充满革新和创意的地方，在设计和欣赏方面经常是超时代的，并且这些超时代理念被运用于园区的建筑设计、内部装饰甚至重要街道和空间的照明等方面。文化旅游创意园区应该刺激新的理念，成为新产品和新机会能得以开拓、努力尝试的地方。因此，文化旅游创意园区的意义主要体现在历史性、发展潜能、园区身份、园区形象、知识性和环境意识等方面。

## 一、文化旅游创意园区逐渐兴起

20 世纪 90 年代以来，随着文化旅游创意园在发达国家的发展，相关的研究也越来越多。其特色是将一座城市的文化与娱乐设施集中在某一地理区域内，让文化生产与消费充分地结合，即多项使用功能（工作、休闲、居住）的结合，从而使都市中形成一个具备完善组织、明确标准、提供综合服务的区域。也就是说，提供夜间活动且延长地区的使用时间，让地区更具有吸引力；提供艺术活动与艺术组织所需的条件，给居民与游客提供相关的艺术活动；为当地艺术家提供更多就业或居住的机会，让艺术与社区发展更紧密结合；等等。这些集群由文化企业和一些自己经营或自由创作的创意个体组成，从而有利于自由搭配、灵活运用。如园区内特殊活动可包括儿童玩乐的场所、图书馆、开放和非正式的娱乐场地。但这些园区着重鼓励文化运用和一定程度的生产与消费的集中。

## 二、"一站式体验"文化园

在旅游产业集群化发展趋势，以及旅游产品越来越呈现出文化创意产业特点的背景下，文化创意产业与旅游业的融合产生了文化旅游创意产业；而文化旅游创意产业在特定空间的集聚构成了文化旅游创意产业园区。

在当前我国由旅游大国向旅游强国迈进的关键时期，文化旅游创意产业迅速发展。作为文化创意产业在旅游领域的传承和拓展，北京怀柔影视基地、什刹海文化旅游区、浙江横店影视基地、深圳华侨城LOFT创意园区、上海八号桥艺术园区、上海国家动漫游戏产业振兴基地、广西《印象·刘三姐》实景演出基地等一大批园区（基地）的出现，不但丰富了休闲经济时代下的传统旅游产品和文化活动，而且开始成为促进各大城市旅游经济发展的新引擎。

"一站式体验"是指以产业聚落理论为基础，以"一站式"服务理念为背景，在旅游体验经济发展的实践过程中形成的文化园区。而产业聚落理论强调同一产业地理的集中可导致集聚溢出效应或区位适宜。具体到旅游产业，一方面，旅游景区、管理部门、服务企业、开发商等的集聚能够产生规模效应而形成园区；另一方面，园区产业链的本土化导致了产业配套，形成了旅游景区聚落。由于体验经济是"企业以服务为舞台，以商品为道具，以消费者为中心，创造能够使消费者参与、值得消费者回忆的活动"，因此，旅游体验是"旅游经营者提供的以体验作为核心吸引力的、用于满足游客个性化需求的旅游产品，是旅游者在身心状态都达到特定水准时，在意识中产生一种感觉,是旅游者身心状态与旅游产品间的互动过程"。

"一站式"服务理念源于20世纪中后期,西方发达国家为满足社会公众日益增长的公共服务需求而展开的声势浩大的公共服务的改革运动。它是指在"一站式"模示下,一个顾客所有的业务都能够在一次单一的接触中完成。由于旅游产品是旅游经营者向游客提供服务的过程,故旅游产品的"一站式"服务要求游客的所有需求都能够在设施相对集中的特定区域内得到满足。可见,旅游产品的"一站式体验"求旅游产业园区(基地)在提供旅游服务的过程中,要以游客为中心、以体验塑造为理念,通过园区(基地)内旅游景区、管理部门、相关企业、开发商等的高效合作,为游客提供全方位、无缝隙的"一站式"服务。文化旅游创意产业园区的"一站式体验"要求旅游活动经营者以创造特殊"体验"来吸引消费者,使游客进入文化旅游创意产业园区后能满足自身所有的需求。文化旅游创意产业园区不应仅是提供旅游产品,更应关注游客在园区内消费或使用旅游服务的全过程。"一站式体验"反映的是游客消费行为和消费心理需求变化的新趋势,文化旅游创意产业园区的建设必须以此为理念,向旅游者提供新颖而快乐的体验。

总之,文化旅游创意产业园区开发建设的最终目的并非仅仅是促进接待人数和旅游收入的增长,还要通过发展旅游创意产业来带动社会、经济、文化的全面发展,建设一个成熟的、一流的旅游目的地。

## 三、文化旅游创意产业园区的类型和特征分析

### （一）文化旅游创意产业园区的类型

1. 国外文化旅游创意产业园类型的划分

从不同的角度，采用不同的标准，文化旅游创意产业园有不同的划分方法。汉斯（Hans Mommaas）在分析荷兰五个文化创意产业园时提出，文化旅游创意产业园类型的区分有七个核心尺度可以参考，即园区内活动的横向组合及其协作和一体化水平，园区内文化功能的垂直组合——设计、生产、交换和消费活动以及与此相关的园区内结合的水平，涉及园区管理的不同参与者的园区组织框架，金融制度和相关的公私部门的参与种类，空间和文化节目开放或封闭的程度，园区具体的发展途径，园区的位置。而沃尔特（Walter Santngata）则根据功能将文化创意产业园分为以下四种类型。

（1）产业型。这种类型的文化旅游创意产业园主要是以积极的外形、地方文化、艺术和工艺传统为基础而建立的。此类园区的独特之处在于"工作室效应"和"创意产品的差异"。

（2）机构型。这种类型的文化旅游创意产业园主要是以产权转让和象征价值为基础而建立的。其基本特征是有正规机构，并将产权和商标分配给受限制的生产地区。

（3）博物馆型。这种类型的文化旅游创意产业园主要是以搜寻网络外形和最佳尺寸为基础而建立的。园区通常是围绕博物馆网络而建，位于具有悠久历史的城市市区。其本身的密度能形成系统性

效应，吸引旅游观光者。

（4）都市型。这种类型的文化旅游创意产业园主要是以信息技术、表演艺术、休闲产业和电子商务为基础而建立的。其通过使用艺术和文化服务，赋予社区新生命以吸引市民，抵抗工业经济的衰落，并为城市塑造新的形象。

2. 我国文化旅游创意产业园类型的划分

根据我国文化旅游发展的实际情况，可从区位依附、园区性质等方面对文化旅游创意产业园的类型进行划分。

（1）按区位依附划分，大致可分为四种类型

①以旧厂房和仓库为区位依附。城市中被废弃的旧厂房和仓库，因宽敞明亮的空间及廉价的租金，或面临闲置空间再改造的困难，往往成为文化旅游创意产业园的滋生之地。国外许多成功的文化旅游园区就是以旧厂房和仓库为区位依附的，我国的情况也基本如此，如我国较早出现在北京的大山子艺术区依托于北京朝阳区酒仙桥路798工厂的老厂房；上海泰康路210弄的"田子坊"创意产业园区位于上海20世纪30年代最典型的弄堂工厂群；上海八号桥创意产业园区就建在上海汽车制动器公司的老厂房内。这些创意产业集聚区利用现有建筑既创造了创意产业发展的平台，又保护了历史文化财产，使文化产业与工业历史建筑保护、文化旅游等相互结合，也是建筑价值、历史价值、艺术价值和经济价值相结合的良好典范。

②以大学为区位依附。大学作为技术的发生器和孵化器，可以不断开发新的科技；同时它又是各类人才的聚集地，不但培养优秀人才，也吸引各领域的优秀人才；大学还是一个开放的社区，是一

个提供多元文化的场所,往往可成为创意的中心。因此,依托大学发展文化旅游创意产业园就成为一种文化旅游创意产业园发展的重要途径。如上海的杨浦区赤峰路建筑设计一条街依托的就是中国著名高等学府同济大学;上海长宁区天山路时尚产业园依托的是东华大学和上海市服装研究所;正在建设中的中国人民大学文化产业园及TCL(广州)文化产业基地等也都是以大学为区位依托。

③以开发区为区位依附。其主要以高新技术产业园区为区位依附。因为高新技术产业园区内高新技术产业发达,高校、科研机构、高科技企业聚集,科技与文化相结合的智力型人才众多,最适宜发展文化与科技相结合的文化产业。高新技术产业园区有着大量的信息产业,这些产业跟文化产业能够很好地融合。属于此类型的有位于中关村高科技园区内的中关村创意产业先导基地、位于大连市高新技术产业园区的国家动画产业基地、位于上海浦东张江高科技园区内的张江文化科技创意产业基地等。

④以传统特色文化社区、艺术家村为区位依附。一种是依托一些传统的文化区域,而这些区域文化底蕴深厚,文化氛围浓郁,有利于开发特色文化产业园区,如四川德阳三星堆文化旅游产业园、北京高碑店传统民俗文化旅游创意产业园等。另一种是依托位于城乡接合部的一些艺术家村,有些是属于创作型的园区,如北京的几个画家村;有的则已形成产业化的运作,如位于深圳市城郊龙岗区布吉镇的大芬油画村等。

(2)按园区性质划分,大致可分为五种类型

①产业型。一是独立型的。园区内产业集群发展相对比较成熟,

有很强的原创能力，产业链相对完整，形成了规模效应。如深圳大芬村，以绘画艺术为主，虽然已经形成一定的产业链条及规模效应，但原创能力不强。二是依托型的。依托高校发展，也能形成一定的产业链条，如上海虹漕南路创意产业园、同济大学周边的现代设计产业园区、浙江东阳横店影视城周边的群众演员村等。

②混合型。这种类型的文化旅游创意产业园往往依托科技园区，结合园区内的优势产业同时发展文化旅游产业，但园区内并未形成文化产业链条，如张江文化科技创意产业基地、香港数码港等。

③艺术型。这种类型的园区也是创作型园区，原创能力强，但艺术产业化程度还较低。目前国内最有名的艺术园区有北京大山子艺术园区、青岛达尼画家村等。

④休闲娱乐型。这类文化旅游创意产业园区主要满足当地居民及外来游客的文化消费需求。最有代表性的是上海的新天地、北京长安街文化演艺集聚区等。

⑤地方特色型。这类文化旅游创意产业园区主要指地方特色文化明显，又为广大人民群众喜闻乐见的区域，如北京高碑店传统民俗文化创意产业园、潘家园古玩艺术品交易区等。此外，按照影响范围又可分为国际型、国内型和地区型，还可按园区最初的形成过程分为自发形成和政府运作形成的文化旅游创意产业园。

当然，由于文化旅游创意产业园在我国还是一个新生事物，发展变化快，园区类型之间的界限并不清晰，对类型的划分只是根据当前的一些情况进行的。相信随着城市文化旅游创意产业园发展的逐渐成熟，园区类型的划分也会进一步完善。

## （二）文化旅游创意产业园区的特征

文化创意产业是指依靠创意人的智慧、技能和天赋，借助于高科技对文化资源进行创造与提升，通过知识产权的开发和运用，产生高附加值的产品，是具有创造财富和就业潜力的产业。联合国教科文组织认为，文化创意产业包括文化产品、文化服务和智能产权三个内容，并具有三个特征。一是具有高知识性特征。文化创意产业一般都是以文化、创意理念为核心，是人的知识、智慧和灵感在特定行业的物化表现。二是具有高附加值特性。文化创意产业处于技术创新和研发等产业价值链的高端环节，是一种高附加值的产业。三是具有强融合性特征。文化创意产业作为一种新兴的产业，是经济、文化、技术等相互融合的产物，具有高度的融合性、较强的渗透性和强大的辐射力，从而为发展新兴产业及关联产业提供了良好的条件。文化创意产业在带动相关产业的发展、推动区域经济发展的同时，还可以涉及社会的各个方面，可以全面提升人民群众的文化素质。

而文化旅游创意产业园区还呈现出以下三个方面的特征。

### 1. 活动方式

建设文化旅游创意产业园区的基本前提是文化生产与消费活动的表现，文化产业的核心内容是创意，而创意灵感往往来自与其他同行相互接触的刺激。在众多的活动中，特别是多样化文化聚会地点的出现，通常能充分提供人们之间的相互交流以帮助参与者获取灵感。因此，集聚地点的设置通常被考虑到文化创意产业园区的发展策略中。

### 2. 建筑形式

国内外文化旅游创意产业园区的实践证明，最适合一个文化旅游创意产业园区活动空间的城市环境应倾向于有一个半径为400米，建筑高度平均5～8层，在10米范围内有非常少的街道（包括人行道）。文化旅游创意产业园区应该是一个有着非常多功能的公共领地，它提供人们聚会交流的空间，也为园区内的交易提供场所，这样一个区域将具有渗透性。成功的文化旅游创意产业园区倾向于有几个活跃度高、渗透性强、临街地带的街道，或至少有一些活动的节点，便于人们在其间走动。

### 3. 意义展示

文化旅游创意产业园区要像物质一样能存在于人们头脑之中，也就是说人们参观之后能形成和保留对园区的印象，而这些印象的形成取决于文化园区的活动、风格、形象。文化旅游创意产业园区应该刺激新的理念，成为新产品和新机会得以拓展、努力尝试的地方。因此，文化旅游创意产业园区的意义还体现在其具有历史和发展意义，同时还能体现园区身份、形象及知识性和环保意识等。

## 四、文化旅游创意产业园区的开发模式剖析

### （一）主题公园模式

主题公园作为最先兴起的文化旅游产品，它的开发建设可以看作文化旅游创意产业园区的早期代表。文化旅游创意产业园区的主题公园模式并非指一般意义上的旅游主题公园，而是经过创意整合

的，为了满足旅游者一站式、多样化休闲娱乐需求而建造的，具有创意性和策划性活动方式的现代旅游目的地。它以"欢乐秀、梦工场"为创意吸引物，以"欢乐、冒险、幸福等于一切"为核心体验，充分利用主题品牌和环境效益，带动地产、影视、传媒等关联产业的发展，形成非常完善的主题公园产业链。目前，成熟的主题公园模式以香港的迪士尼乐园、广东深圳的华侨城LOFT创意园区等为代表。

### （二）影视（动漫）基地模式

影视（动漫）基地模式是指将静态的影视（动漫）基地旅游资源经过创意活化，让游客体验影视角色参与、影视独立创作（DIY）、影视（动漫）文化主题教育等的影视旅游一站式观光体验活动区。此模式的建设重点是对影视（动漫）主题街区（影视Shopping Mall）的打造，以提供高品位的休闲、娱乐、地产及教育培训服务。影视（动漫）基地虽然为游客提供影视体验观光，但更主要的是带动包括光盘、剧照、影视服装等影视关联商品的销售，以及集餐饮、住宿、娱乐于一体的影视酒店或影视人俱乐部如特色酒吧、茶座和特色店等的发展。浙江东阳的横店影视城、北京怀柔影视基地、上海国家动漫游戏产业振兴基地、无锡影视基地等都是此模式的典型代表。

### （三）艺术园（社）区模式

艺术园（社）区是指艺术家和商业文化机构成规模地租用和改造因历史原因留存下来的城市工业空置厂房，使其发展成为集画廊、艺术家工作室、设计公司、餐饮酒吧等于一体的、具有一定规模的、融入了旅游活动的艺术创意集聚区。集聚区内的闲置厂房、废旧设施经改造后，成为新的建筑艺术品，继承了城市的历史文脉，形成了城市发展新的模范，既是实用的体现，又达到了审美的效果。艺术园（社）区内所形成的具有国际化色彩的"SOHO式艺术方式"和"LOFT生活方式"成为城市旅游的新兴吸引物。艺术园（社）区模式是当代艺术、建筑空间、文化产业、历史文脉及城市生活环境与城市旅游的有机结合，带动了艺术设计、工业生产、装饰展览、主题地产等相关产业的发展，给城市旅游发展带来了新的亮点。北京798艺术园区、上海8号桥艺术区、上海M50艺术基地、杭州LOFT49社区等都是此种模式的典型代表。

### （四）节庆演出基地模式

节庆演出基地模式是指在传统的旅游节庆活动策划中加入创意元素，通过改变场地、变换活动形式、重组和完善活动内容及创新宣传等方式，增强节庆演出活动对游客的吸引力。目前，山水实景在我国是传统旅游节庆演出的典型创新，其一改传统剧场收缩集聚的演出模式，借用实景，在灯光的带动下调动观众全部视觉灵活性，散点透视，延伸游客对实景演出的魅力体验。而山水实景的演出往往在晚间，有利于留住游客的脚步，由此派生出吃、住、行、游、购、娱等一系列需求，从而带动文化旅游相关产业的发展。如深圳华侨城通过创意造节，形成了"月月有节过"的欢乐场面。民俗村的傣族泼水节、世界之窗的国际啤酒节、欢乐谷的国际魔术节和玛雅狂欢节等，已成为华侨城文化旅游的经典品牌。而以《印象刘三姐》《印象丽江》《印象西湖》《禅宗少林音乐大典》为代表的印象系列实景演出已经成为旅游节庆演出市场的新宠。

## （五）新兴街区模式

新兴街区模式是指在新城建设或是旧城改造的过程中，作为文化传承的老建筑、老街区不是被习惯性地拆除，而是以全新的"IN"生活体验为旅游创意，使其成为新的街区，焕发新的生命，从而成为吸引游客的新亮点。游客的增加给新兴街区的商铺带来了人气，从而拉动了体育运动、艺术设计、旅游地产等相关产业的发展。"IN"代表的是"流行前卫""潮流健康"，"IN"生活方式主要包括：在生态酒店体验太极、瑜伽、普拉提等原生态修行活动，在 SPA 生活馆体验水疗按摩以达到去除疲劳、恢复神采的目的；在茶道馆、香道馆学习礼仪、品香、点茶以平和心态、修身养性；在城市中找个人烟稀少的地方，阻断与外界的联系，亲近自然，丢掉烦恼，享受自由，为自己的精神彻底加油。这些体验活动对那些成天窝在办公室、身体和精神时刻高度紧张的城市白领具有很大的帮助。北京的什刹海、上海的新天地、重庆的黄桷坪涂鸦艺术街等就是的新兴街区模式的典型代表。

## 五、文化旅游创意产业园区发展的战略建议

### （一）文化产业、旅游产业、新城建设三者互生共融

打破文化、旅游、新城建设三者之间的界限，以文化旅游业为主导产业，呈现出园区旅游化、景区新城化、新城产业化的互融状态，实现文化产业、旅游产业、新城建设三者之间的共融互生。

### （二）以文化产业为主体，打造核心的文化元素

深入理解地域文化资源，以核心文化元素与脉络的打造为核心，以文化产业、文化延伸产品与文化旅游体验为主体，进行全方位打造，同时积极架构区域文化体验与活力中心。

### （三）以旅游提升为先导，重在人气集聚

文化旅游是聚人气、集财气、树形象、传口碑的重要渠道，文化旅游创意产业园区应以其为先导，拓展和提升新热点，通过人气的集聚达到引爆旅游的效果。

总之，文化旅游创意产业园区的发展要以文化资源为基础，以文化创意为灵魂，以文化产品为本质，以文化产业为核心，以文化消费为目的；确定规划方案，拟订运营计划，巧妙运用执行的流程策略；规划设计不仅要处理很多土地利用、交通等问题，还要对接文化与文化产业，梳理地域文化资源，创意文化产品，形成文化产业细分业态，并架构运营模式等。

# 第二章 旅游产业与文化产业融合发展的动力

## 第一节 旅游产业与文化产业融合发展的动力概述

按照《辞海》的定义，动力即一切力量的来源，主要分为机械类和管理类。机械类动力是指使机械做功的各种作用力，如水力、风力、电力、热力等。管理类动力比喻对工作、事业等的前进和发展起促进作用的力量，例如：人民是创造世界历史的动力。本章论述的是推动旅游产业与文化产业融合发展前进的动力。

### 一、旅游产业与文化产业融合发展动力的内涵

旅游产业与文化产业融合发展的动力具有方向性、动态性和加和性三大特征。根据旅游产业与文化产业融合发展动力形成的原因，可分为内生动力与外生动力。内生动力是指在旅游产业与文化产业融合发展的过程中，产生于两大产业内部、致使其运动与发展状态发生变化的力量；外生动力则来源于旅游产业与文化产业融合发展的外部，如产业政策的变化及科学技术的发展，无疑会推动旅游产

业与文化产业融合发展。从动力对旅游产业与文化产业运动与发展的作用方式而言,可分为直接动力与间接动力。按动力对旅游产业与文化产业运动与发展的作用强度来划分,可分为主导动力与辅助动力,其主导动力对旅游产业与文化产业融合发展起根本性的支配作用。其中,内生动力在所有动力中是其融合发展的决定性力量。

相对于传统产业主要发展的动力是土地、机器、厂房等硬要素驱动而言,旅游产业与文化产业融合发展的主要动力是世界旅游经济进入后工业社会的新兴产业经济形态,人的创造力、文化、品牌和知识产权等软要素,尤其是文化要素是其发展的主要动力,这就使得旅游产业与文化产业融合有了一定的基础和条件。

## 二、旅游产业与文化产业融合发展的动力理论分析

随着消费时代的到来,文化消费的比重正逐步超越物质消费的比重,日益成为人类消费的主体,旅游业作为现代社会背景下基本的消费形式,越来越充满了文化意蕴。旅游与文化融合发展的趋势首先被产业界捕捉,国内出现如华侨城、印象刘三姐、常州恐龙园等旅游和文化融合的成功案例。

笔者立足于旅游产业与文化产业融合的现实困境和已有的实践经验,站在推动旅游产业与文化产业融合的立场,突破已有研究对旅游产业与文化产业融合存在的问题与对策、融合模式与路径等方面的关注,从旅游产业与文化产业的内在关联、旅游产业与文化产业外部环境等基本层面出发,探讨旅游产业与文化产业的融合动因,深化对旅游产业与文化产业跨界融合现象的认知,推动旅游产业与

文化产业融合的产业实践，都具有重要意义。

## （一）旅游产业与文化产业融合发展的内在基因

旅游产业和文化产业的内核分别是旅游和文化，旅游和文化的性质及相互关系是旅游产业与文化产业跨界融合是否可行的决定因素。旅游与文化的伴生性、旅游的开放性与文化的渗透性表明，旅游产业对文化产业的吸纳与文化产业对旅游产业的渗透是可行的。

1. 旅游与文化的伴生性

人类文明史也是一部休闲史。没有休闲，就很难有真正的艺术、哲学、文学、科学与宗教的产生。亚里士多德深刻地指出：休闲是人类文化的基础。在休闲中人类创造文化，文化又满足人类休闲的需要。在互生之外，旅游与文化的伴生也体现在其功能的一致性上。从满足人类需要的角度来看，在麦金托什的旅游动机理论中，文化动机出自想要了解异域文化的愿望，包括音乐、民俗、舞蹈、绘画及宗教等，文化是旅游活动的重要驱动力。在谢彦君看来，旅游在根本上是一种以获得心理快感为主的审美过程和自娱过程，审美显然是一种文化现象。

2. 旅游的开放性与文化的渗透性

从经济学角度来看，一个产业是由生产同类产品的企业构成的，只有经营相同的业务或生产具有替代性同类产品的才能被归为同一产业。旅游业使相关产业间具有一定的业务联系，在不分化或难以分化的情况下，以旅游需要为中心，旅游者的活动过程为中介联系起来而形成了产业。而旅游活动是一种异地休闲，休闲的广延性意味着旅游产业具有开放性的特征。与旅游产业的开放性对应，文化产业具有渗透性特征。文化工业的逻辑是：为产品添加文化元素，以便让产品能够镶嵌在文化系统中，商品沾染上文化意义而转变为符号。文化的产业化过程表现为文化资源对产品或服务的依赖性及其对其他产业的渗透性。旅游的开放性与文化的渗透性表明旅游与文化跨界融合是可行的。

旅游与文化的伴生性、旅游的开放性与文化的渗透性，这两个方面在一定程度上构成了旅游产业与文化产业融合发展的内在基因，而其内在基因是这两大产业融合发展的核心动力。

## （二）旅游产业与文化产业融合的动力系统原理

产业运营的基本逻辑是通过对产业资源进行合理有效的整合，将资源转换为产品，在满足市场需求的同时实现资本增值。但产业运营的过程对社会、经济、文化构成的宏观环境不是封闭的，当经营环境产生变化、市场需求发生变动时，资本需改变原有的运营和资源组合模式，以保持与市场及经营环境间的平衡。而当改变了资源组合模式所涉及的产业资源跨越原有产业边界时，就发生了产业的跨界融合。随着"新经济时代"的到来，以不同产业经营主体间相互渗透、跨产业经营为特征的产业融合就成为提高生产率和竞争力的一种有效的产业组织形式。

产业融合现象的发生是产业融合预期效应和产业融合动力双重驱动的结果。产业融合效应是产业跨界进行经营、因资源充足而产生的预期收益。产业融合的动力系统由拉力、推力、支持力以及阻力四个子系统构成，其中拉力和推力是产业融合的核心动力，支持力和阻力是产业融合的外部辅助与干扰因素。随着产业生命周期的演进，竞争压力迫使经营主体重组经营资源、外部联合、内部创新经营策略，当新的经营跨越既有产业边界并形成新的增长点时，产业跨界融合就发生了。支持力主要体现在政府放松产业进入、投资等限制，破除产业壁垒，推动产业间经营资源的流动和重组。阻力主要体现为制度限制、行业因素而构筑的产业壁垒，阻断了产业间经营要素的流动和重组。市场需求、竞争压力、管制放松、行业壁垒等经营因素和环境构成产业融合的推力、拉力、支持力及阻力，产业融合的发生是四个向量构成的合力引发的行业间经营要素重组并生成新的增长点的产业过程。

## （三）旅游产业与文化产业跨界融合的动力系统分析

产业融合现象奠基于电子信息产业而扩展到整个现代经济领域，现有的产业融合理论带有电子信息产业的痕迹，强调以在市场、竞争等因素驱动下的技术创新及产业间的渗透为主线的产业融合。产业间的融合覆盖了技术创新、产品开发、市场营销以及经营管理的整个产业经营领域。旅游产业与文化产业作为现代产业体系的一部分，其融合发展遵循上述产业融合的动力框架，也表现出旅游产业和文化产业的特性。旅游产业和文化产业都是以内容为基础的产业，因此它们的融合以内容创意为线索，围绕"产品—营销—市场"展开。因此旅游产业与文化产业融合的动力模型可表述为：以大众文化消费为背景，以旅游和文化的同根性为基础，以资本为纽带，以行业竞争和国家社会战略为驱动因素,以内容创意及渗透延伸为主线,以"产品—营销—市场"为平台。

## 三、旅游产业与文化产业融合的驱动因素分析

旅游产业与文化产业的融合是其产业系统内部和外部两个方面的动力因子共同作用的结果。从系统工程理论的视角分析来看,促进旅游产业和文化产业有机融合的关键因素不仅包括旅游产业的开发、文化产业的发展等方面,还包括对旅游文化产业产生影响的其他方面,如国民经济水平、人口发展状况、人们对旅游文化活动的需求以及政府对旅游文化产业的支持作用等。其中,内部主体企业、旅游者和外部主体政府、中介机构和市场在驱动因子中发挥着核心和纽带作用。这两方面的动力主体共同发生作用,使旅游产业和文化产业的结构不断合理化和高级化,从而推动两大产业的发展与进步,最终实现两者的融合。

### (一)企业行为的驱动

钱德勒曾提出,现代工商企业在协调经济活动和分配资源方面已取代了亚当·斯密的所谓"市场力量的无形的手"的观点,沿袭钱德勒的理论思路,旅游企业和文化企业的行为取向将对旅游和文化产业的形成和发展产生驱使力。正如钱德勒认为的那样,技术、市场和交通通信的发展是企业规模扩张并演变为现代工商企业的外生因素。传统的旅游产业已发展成熟,行业竞争激烈,其产品市场开始趋于饱和状态,产品利润也趋于稳定或开始下降,企业有创新

转型的强烈愿望，产业不断演进发展。因此，一方面，优质的旅游企业可选择文化要素供应商，提供创新型的旅游文化产品，通过多元化经营在竞争中胜出；另一方面，企业对利润的追求是推动产业进步的有力杠杆。旅游产业与文化产业融合后形成的新兴产业——旅游文化产业，因其高附加值和巨大的盈利空间，吸引旅游企业快速进入旅游文化市场，进一步促进旅游文化产业的不断整合和成长。

## （二）旅游者需求的驱动

文化旅游是指那些对体验文化经历有特殊兴趣的游客发生的旅游行为，游客需求的变化必将引起处于产业链另一端的供给要素的变化。随着人们生活水平的提高，旅游中的参与性和娱乐性逐渐成为旅客关注的诉求点，旅游偏好更倾向于更高精神层次的娱乐，如欣赏音乐和民族舞蹈等文艺演出，参观当地历史文化博物馆、文物艺术品展览、民族特色风情展览等，这使得娱乐在旅游消费结构中的比例不断增加。另外，人们的旅游需求消费也在逐渐走向理性化，注重文化精神体验与求异，逐渐减少传统的观光旅游，转而青睐于主题游、深度游和度假游等。旅游需求结构和内容的变化促使人们对旅游文化产生市场需求，这就吸引了投资商、企业和中介组织等开始主动进入旅游文化开发点，并出于各自的利益，相互制约又协同发展，促使旅游文化目的地的形成和完善，成为旅游文化产业的供给者。而旅游文化产业的客户正是这些旅游偏好发生变化的新型旅游者，旅游文化需求的变化对于旅游产业的转型及与文化产业相融合起到了关键作用。

## （三）政府引导的驱动

政府虽然属于外部动力因素范畴，但对旅游产业和文化产业融合发展中的每个环节都会产生重要影响。其驱动作用体现在以下几个方面：其一，政府为旅游产业和文化产业的有机融合搭建平台。文化产业的开发和旅游产业的升级都需要良好的基础设施与之相配套。基础设施投资具有额度大、直接经济效益不明显、回收周期长等特点，这决定了政府在先期基础设施建设配套项目投资中的主导地位。其二，政府对旅游产业、文化产业具有政策导向和协调规划作用。旅游文化产业对区域经济具有产业结构升级、拉动经济增长等放大效应，这促使政府通过有力的政策工具保证其健康发展。如通过制定相关法律法规，对旅游文化产品的知识产权进行保护；出台相关的产业发展政策，加大财政投入，保证产业稳定增长；等等。其三，政府的投资决策和发展规划会吸引投资商对经济效益明显的文化旅游产品的场馆建设、项目开发以及餐饮、住宿、商场等服务设施进行投资。这种投资规划集聚效应的产生可以吸引更多的人才、资金和技术的入驻，从而进一步推动文化旅游产业的发展。

## （四）中介机构发展的驱动

产业的发展除了核心企业的作用，还需要大量与文化旅游产业有关联的中介机构的支持。在这里将行业协会组织、学校等人才培养机构、学术研究机构、高质量的营销团队、文化或文物保护部门等都归为中介机构的范畴。这些机构虽然不是旅游文化核心产品生产的直接支持者，但为产业的整体发展包括人才的吸引和成长、产品的推介和促销等，都提供了良好的环境和氛围，它们的完善与成熟也是影响旅游文化景区发展的重要因素。旅游和文化产业与传统的旅游业相比，其优势更多地建立在文化内涵和文化品质上，能够吸引旅游者的基本因素就是文化差异和文化特色带来的驱动力，而中介机构中的文化工作者就是这些差异形成的来源。如行业协会组织中的民间文化艺术团体、民族舞蹈艺术团体等文化传播者不断地将这些文化要素与原有的静态旅游要素相结合，创造出旅游文化产品，提供旅游文化服务，推动产业的发展。它们的不断发展为旅游产业与文化产业的融合提供了机会。

## （五）市场机制的驱动

在旅游产业与文化产业的融合运作中，市场机制是主要的传导机制。通过市场对文化旅游产品的需求，按照价格机制、资源配置调节空间格局，在一定区域内形成和发展小规模旅游文化点，进而发展成文化旅游目的地，这是一个产品和市场不断适应、不断调整和不断完善的过程。文化旅游目的地的形成是经市场需求的推动而向前演进的。旅游产业与文化产业的融合刚刚起步时，在市场机制所产生的集聚效应的影响下，与旅游文化产业相关的食、住、行、购、娱等产业不断向旅游文化资源所在地集中，并开始吸引能满足这些产业发展需要的资金、技术、人力资源等要素向区域内集聚，从而形成旅游文化景区。旅游文化景区一旦形成，就会产生自我增强机制，并不断吸引旅游者来此观光，从而引发产品和服务需求的不断扩大和提高，形成产品和服务消费市场。从这一过程中可以看到，在市场推动力的作用下，旅游产业与文化产业通过突破产业自身所形成的条块分割，降低交易成本，形成持续的竞争优势。

## 第二节　旅游产业与文化产业融合发展的动力

### 一、旅游产业与文化产业融合发展的内在动力

旅游产业与文化产业融合发展的内在动力由旅游需求的多变性、旅游资源观的转变以及旅游企业间的竞争与合作三大要素构成。

#### （一）旅游需求的多变性

当前，随着生产力、经济水平和人民生活水平的不断提高，旅游者的旅游需求也在变化。旅游需求的满足不仅包括从消费中获取物质需要的满足，更重要的是从中获取心理和精神层面的满足。总体而言，旅游消费需求的多元性源于旅游市场的不断成熟、旅游者对旅游体验广度和深度的不断追求、新的旅游消费特征以及信息共享的时代特征。

我国的旅游产品开始逐渐分层发展，突出的表现就是旅游者对一些高端旅游产品的消费。携程网推出的"鸿鹄逸游"系列产品的成功，是旅游企业开始拓展小众市场、高端市场的一大标志。对比

国内"黄金周出游爆棚"的大众游,小众市场的发展表明旅游市场开始出现分层,旅游产品结构开始有了消费额的高、中、低档之分,这标志着我国旅游市场开始走向成熟。旅游需求具有个性化属性,具有小批量、多品种、非标准等特点。成熟的旅游者对旅游体验的个性化和体验深度要求更高,驱使旅游企业为了争取更多的旅游者、抢占更大的市场份额而进行创意、技术等方面的改革,将旅游产业内的要素进行优化整合,引入文化产业要素,从而促使旅游产业与文化产业融合发展,使得旅游产业的结构也因此而改变,从而满足旅游者日益增长的需求。

旅游产业与文化产业的融合发展,不仅要关注旅游需求的多变性,还要明确旅游需求最明显的三大变化:其一是越来越多的人追求在生态环境良好的地区完成自己的旅游生活,生态环境成为旅游者追求的核心目标;其二是越来越多的人追求情感氛围更重的旅游环境,通过旅游来促进亲情、爱情、友情,来促进人际交往过程中的情感传递;其三是越来越多的人追求文化气息浓郁的旅游目的地,在求知欲望的驱动下,丰富自己的人生经历,感受人类文明。在这三大旅游需求变化中,游客对文化的渴慕是旅游需求三点变化中最突出,也是推动旅游产业与文化产业融合发展的内在驱动力。

归纳以上三大变化可以具体地描述需求变化中的主要特点,大致有5点:第一是个性化,有个性化才有多样化,在旅游市场上既有趋同的倾向,又有个性化强烈发展的倾向;第二是休闲化,人们更希望从快游转变为慢游,在闲散自由中完成自己的旅游生活;第三是体验化,什么事情都希望经历一下,什么事情都希望体验一下,通过体验（特别是通过深度体验）强化自己对自然与人文的感悟；第四是健康化，旅游本身是一种文明健康的行为，在文明健康中完成旅游，在旅游中促进文明健康；第五是自主性，自主性又可以称为自助性，处处表现为"我能""我行"，通过自我完成旅游的全过程。这些是当今旅游市场需求的五大特点，而且发展得越来越深入。对旅游产业与文化产业融合发展而言，不仅要关注旅游市场需求的变化，还需适应旅游市场需求变化的主要特点，开发出更好的旅游文化产品，这是每一个旅游文化管理部门和每一个旅游文化企业都必须关注的问题。

### （二）旅游资源观的转变

旅游产品的创造依赖于不同形式的资源，传统理论中将旅游资源分为自然风光旅游资源、传统人文旅游资源和社会经济旅游资源。无论是自然的、历史遗留的，还是现今创造的，对旅游者具有一定吸引力的人工创造物都具有成为旅游资源的价值。但随着社会的发展，人类物质生活丰富到一定程度时，欲望的追求便转移到精神生活层面。因此知识经济、体验经济、符号经济等众多以满足人类精神需求的经济主题的提出，都是对人类社会发展阶段的一种概括。

也有学者指出，资源是否能够成为旅游资源，其核心点在于能否对游客产生吸引力。只要能够产生吸引力，无论其是有形资源还是无形资源，是物质的还是精神的，甚至只是追逐精神享受的一个过程，均可称为旅游资源。这样的概括从表面上看略显宏观笼统，但随着时代潮流的发展，对于旅游产品的需求确实已经达到了这个层面。个性化、多元化、人本化、体验化是当今旅游产品应该体现并满足旅游者的特点。只要是健康的、符合社会伦理的资源,都可以称之为旅游资源,这也是旅游产业同其他各产业,特别是文化产业关联度极高的原因。

因此,旅游资源观的转变,使得原有的单一的自然风光与人文古迹等旅游资源所形成的旅游产品已经不能满足旅游者的体验需求。现今的旅游产品,体验性必须是第一位考虑的要素。体验即是对异域文化的体验,从古至今,人类所创造的物质的、精神的一切均称为文化。所以旅游资源观的转变是旅游产业与文化产业融合发展的内在动力。旅游资源观的转变使旅游者认识到旅游产业融合对旅游资源的丰富所起到的作用,这种观念的发展也促使旅游产业对于旅游产品的开发更具有深度,对旅游产品范围的拓展更具广度。

随着旅游资源观的转变,旅游产业与文化产业融合发展期间,旅游文化资源的开发方式也需要随之转变,具体体现在以下三个方面。

1. 由粗放型向精细化转变

粗放型文化旅游资源的开发方式本质上是一条低层次、重复性的数量扩张的发展道路,造成旅游文化资源的严重破坏和旅游文化生态环境的不断恶化。国内旅游文化资源开发方式要吸取粗放型开发的教训,实现由粗放型向精细化的转变。这需要从以下三个方面进行努力:一要打造精品。认真贯彻文化和旅游部关于培育旅游支柱产业的决定,重视和加强以品牌为主的旅游文化资源开发进程,树立大旅游观念,努力使旅游文化资源开发向规模化、精品化方向迈进，培育旅游文化龙头景区和拳头产品。二要丰富内涵。在不增加或基本不增加景点和景区外延的情况下，以艺术、文学、民俗、建筑、宗教、政治等文化因素为内涵，对原有人文景观和自然景观进行再开发，这既是旅游资源文化内涵深层次挖掘的过程，也是旅游产品的更新过程和层加过程，从而提升旅游文化景区的知名度和美誉度。三是关注细节。细节决定成败。国内一些景区（点）给外地游客留下不好的印象，并不是景区文化旅游资源不吸引人，而是对人性化考虑不够，对细节关注不够，引起了游客的反感，从而破坏了旅游文化景区的形象。为此，要按照旅游星级厕所标准新建和改造好景区（点）厕所，解决景区（点）厕所的水源和排污问题；要建好景区（点）游道、桥亭和休息凳椅，让游客既能安全游览观光，又能适时休息调整；要完善旅游标志和警示标牌，提醒游客遵守相关规定，方便游客游览；要建设无障碍通道和各种紧急救援机制，方便残障人士旅游，妥善处理各种突发事件。通过以上措施，真正把国内旅游文化区建成文明安全旅游区。

## 2. 由单点式向系统化转变

文化旅游资源开发方式要吸取单点式开发的教训，走出单点式开发的误区，实现由单点式向系统化的转变。这需要从以下三个方面来努力。

一要统筹规划。各省、区、市要做好本行政区各自的旅游文化发展规划，突破行政区划的界限，并制定旅游资源区和旅游经济带（线）总体旅游规划，对旅游文化资源具有同质性、旅游经济具有关联性的相邻空间范围内的旅游景区（点）在开发上的轻重缓急、旅游服务设施的空间布局、旅游行业的协调管理、旅游文化产品的联合促销等内容进行合理部署、有序安排，以避免单点式开发导致低水平重复建设和资源破坏、资金浪费，实现资源整合，从而发挥资金的最大效用。

二要联动互补开发。联动互补开发模式是利用中心景点的较高知名度进行文化旅游资源的滚动式开发，形成聚集规模经济的文化旅游资源开发利用模式。中心景点之所以在众多的旅游吸引物中处于中心地位，在于其同时具备资源的稀缺性、垄断性和市场号召力的情况下，中心景点既可以是旅游文化资源、旅游文化产品开发的"龙头产品"，也可以是景区开发的"中心产品"，其中最主要的原因在于中心景点享有较高的知名度，能够产生较强的品牌效应。联动互补开发模式的实现，能够充分利用中心景点的品牌效应，以无形资产辐射带动有形资产的互补式聚集，达到以热点促冷点的效果，提高旅游文化资源的使用效率，形成区位规模经济。当然，联动互补性开发切忌近距离重复建设和小范围项目雷同，切忌不顾环境容量的超负荷开发，为避免联动互补开发模式下的过度聚集现象，地方政府必须依法运用行政、经济和法律手段对聚集规模和聚集结构进行控制和调整。

三要合理配置文化旅游资源要素。旅游是吃、住、行、游、购、娱六大要素的统一体，发达国家国内旅游收入中，"吃、住、行"与"游、购、娱"基本上各占一半，而国内旅游业仍以"吃、住、行"为主，"游、购、娱"占的比重较低。所以在文化旅游资源开发中要克服就景区说景区的单向思维，认真研究六要素的合理配置和有效组合。要加快旅游交通路网建设，尽快改善通往景区的支线公路，重视和加强信息传输方面的基础设施建设，切实解决景区的可进入性问题；要重视和加强对旅游文化商品的开发、生产和销售，组织专门力量去设计和开发有民族特色、地域特色和时代特色的旅游文化商品，精化工艺，改进包装，提高旅游文化商品的附加值和竞争力；要加快景区宾馆、游乐等配套设施建设，打造具有地方特色的精品文化演出，挖掘区域美食文化，让游客乐在景区。

3. 由简单化向生态化转变

国内文化旅游资源的开发要吸取曾经走过的简单化开发路子，实现由简单化向生态化开发方式的转变。笔者认为需要从以下四个方面进行努力：

一要严格保护。生态环境学有关环境容量的理论研究已经表明，一个旅游地区（点）游人的增加或超量进入，必然导致旅游服务设施超载，废弃物、污染物以及对旅游区（点）生物种群干扰现象的增加，造成生态文化环境质量的下降乃至恶化。旅游区（点）的旅游文化资源会受到破坏，造成吸引力锐减，并逐渐衰亡。所以，在生态旅游开发过程中，必须采取有效措施减轻旅游地的生态环境压力，达到将游人分流的目的，以维护旅游地的生态平衡。

二要科学开发。国内文化旅游资源开发必须坚持生态旅游文化资源科学开发的原则和思路，做好总体规划与区域规划。其中的重要环节是在规划阶段对各项建设项目的环境影响进行客观评价，既要考虑文化旅游资源开发建设、合理布局设施和维护生态平衡等，又要紧密结合区域所在的重点发展目标、相关行业配套，减少实施项目过程中的盲目性、局限性以及损失，以求得科学与协调发展。

三要可持续发展。为了保证生态文化的可持续发展，国内文化旅游资源开发必须坚持可持续发展的原则和思路，对景区进行功能分区，坚决执行"区内游、区外住"的布局原则，以达到有效控制和减轻污染的目的。缓冲区和核心区内不能修建任何餐饮及住宿设施，以减少对生态文化旅游区的污染和破坏。要加强旅游区（点）及周边生态文化环境建设，如加速实施绿化工程，提高植被覆盖率；要抓好天然林保护工程和退耕还林（草）工程，建立绿色天然屏障，从而改善生态文化大环境，实现生态良性循环。

四要生态与人文并举。我国旅游文化资源开发必须坚持人文与自然有机结合。我国不少区域文化旅游资源得天独厚，经济发展却相对落后，开发文化旅游资源、发展旅游经济是使这些区域变比较优势为竞争优势、变资源优势为经济优势的现实途径。就国内生态文化旅游资源来说，体现于自然层面的地域特点和体现于人文层面的民族文化特点息息相关，并存在结构性的内在联系。自然负载了人文，人文渗透于自然，并经自然而得以体现，二者相互依存，相得益彰，共同营造出我国的生态旅游文化资源不同于国外的一种特有氛围。因此，既要提倡大力开发文化旅游资源，积极发展旅游业，在发展中提高发展质量，又要强调在资源开发中坚持保护与开发并重，转变旅游文化资源开发方式，合理开发，优化利用。

对多数文化旅游资源富集且具备发展条件的地区，应积极开发文化旅游资源促进其保护工作；对少数生态环境脆弱、敏感的地区，应实行封闭式的保护管理。切实做到有能力开发的就要很好地开发，暂时没有能力开发的，要很好地保护起来，等待后人去开发。那种绝对的保护、所谓纯自然主义的方式，既不利于环境与资源的保护，也不利于旅游业的发展。所以，我国文化旅游资源开发与保护应该和谐地结合为一个整体指导思想和行动方案，以发展为前导，以保护为支撑，把青山、绿水、蓝天留给子孙后代，这才是真正的、完整意义上的文化旅游的可持续发展。

文化旅游资源开发通过由粗放型向精细化转变、由单点式向系统化转变以及由简单化向生态化转变这三条途径，不仅实现了旅游资源观的改变，也促成了旅游产业与文化产业的进一步融合。

## （三）旅游企业间的竞争与合作

旅游产业与文化产业的融合，从系统论来说，起主导作用的还是旅游文化企业间的竞争与合作行为。这里的"旅游文化企业"是整个旅游经济产业系统内的要素，涵盖了旅游活动基本要素的各个行业。旅游文化企业的目标是追求最大化的效益，而最大化的效益则来自旅游者最高的满意度。为此，旅游文化企业必须不断地探索技术的创新和新产品的开发，不断谋求发展与壮大，不断思考如何更好地满足游客的需要，不断在变化的环境中谋求持续的竞争优势。旅游文化企业面对的环境日趋复杂，而旅游文化企业自身的经营行为又使其环境更加复杂。旅游产业融合是这些竞争中的企业互动发展的结果，它们改变了传统的竞争和行业观念，"竞合"和"跨界"的思想应运而生，形成了相互渗透、相互融合的关系。旅游文化企业所有的行为都源自旅游者的需求,所以,消费者旅游需求的提高是旅游产业与文化产业融合的根本原因,如果没有企业为这些新需求所做的努力,两大产业的深度融合也就无从谈起,因此,旅游文化企业的竞争与合作行为是旅游产业与文化产业融合的主导力量。

旅游文化企业作为旅游产业与文化产业融合的主体,对经济利益的追求是驱使其进行融合的重要动因。文化产业要素的注入不仅提升了旅游资源的品位和内涵,还增加了旅游产品的数量和种类,增加了旅游收入并促进了旅游业的发展;旅游产业与文化产业的融合,使旅游成为文化产业发展的载体,同时,旅游产业的介入也扩大了文化产业的市场空间。

为了促进我国旅游企业之间的竞争与合作,需要努力做到以下四点。

1. 进行游客细分

提供差异化的旅游品牌和服务标准。不同群体的游客对于服务的需求是不同的,因此,为了根据这些差异化的需求提供不同的旅游服务,旅游文化企业有必要进一步对旅游者进行细分,为旅游者提供差异化的服务。市场细分是进行差异化竞争、提升竞争力、进行业务创新的前提,而不同实力的旅游文化企业通过细分市场,既可以帮助弱势群体充分享受旅游文化产品的体验价值和文化价值,从而使旅游文化企业形成局部竞争力,又可以帮助强势群体充分感受到领先的旅游文化产品,使旅游文化企业进一步提升并维持其竞争力。

同时，在服务上，各旅游文化企业也应该针对不同客户群体的不同消费能力和消费行为设定不同的服务标准，并根据市场定位及差异化进行产品定制。旅游文化企业可以推出针对性的品牌，要重视品牌建设。在旅游者日益成熟，需求日趋多样化、差异化的今天，具有个性、针对特殊消费群体的旅游业务品牌更能获得这一群体的信赖和品牌忠诚度。以市场为导向制定品牌战略，一方面有利于贴近不同旅游者的需求重点，刺激旅游者消费，提升品牌忠诚度；另一方面也有利于根据不同目标市场的异质化需求进行旅游文化产品的开发。

2. 加强沟通，建立分层次的合作伙伴体系

旅游文化企业与合作伙伴应当建立不同层面和深度的伙伴结构：对于核心"战略型"伙伴应该稳定双方关系，深化合作，共同做好市场营销和服务；对于"潜力型"伙伴，则以扶持和引导为主，并注意对其加以控制；对于"现实型"伙伴，要充分发挥其当前具备的核心能力（如销售能力、品牌号召力等）的价值，但是鉴于其业态的不稳定性等可不作长期投入，并应逐渐减少依赖；而对于"边缘型"的合作伙伴，只要符合既定游戏规则，则多多益善，但是基本不作投入和培养，并加强规范和管理。此外，旅游文化企业要遵循一定的生存法则，更要服从行业监管者的管理。因为生态系统必然是有法则的，这个法则是所有生态系统成员都必须遵守的，至少在能影响或改变它前必须遵守。

3. 以融合创新为主导，扩大旅游文化市场

众所周知，随着市场竞争的深入，融合创新竞争逐渐取代"价

格竞争",成为旅游产业的新趋势。在这一阶段,如何扎扎实实做经营,如何以游客的需求为导向推动旅游产业与文化产业的融合创新、运营和管理,成为旅游文化企业必须思考和面对的主要问题。与此同时,由于市场竞争主体的增加,旅游者选择多样性的增加,旅游竞争还将在品牌、个性化服务等层面展开。因此,要从根本上解决目前旅游的恶性竞争问题,增强旅游企业的融合创新能力,以创新和个性化的旅游文化产品提升自身竞争力,是融合创新的基本前提。只有遵循市场细分和游客需求导向,在个性化的旅游产业与文化产业融合创新上下功夫,旅游竞争才有可能逐步走出当前的困境。

4. 确定最佳商业模式,建立"共赢"分配体系

依据价值链理论,旅游产业与文化产业融合发展的正常运转必须满足三个制度特性,即完整性、公平性和均衡性。只有利益相关者都能获得公平合理的地位时,才能激活利益相关者的积极性,从而使其融合发展效益最大化,各个旅游文化企业也会共同努力去获得其应有的竞争优势,这是旅游文化企业健康发展和取胜的关键。在它们融合发展的过程中,不同的利益相关者应该具有不同的利润分配方式,使不同的旅游文化产品供应商和旅游分销商都能均衡地获取利益,这样才能保证旅游产业与文化产业的均衡发展。如何使各个利益相关者都能在各自的业务发展中获利,是旅游文化企业要解决的首要问题,为此,需要打造一个共赢的利益共同体,设计出相应的"共赢"分配体系,从而为确定最佳的商业模式夯实基础。

## 二、旅游产业与文化产业融合发展的外在动力

### （一）市场需求的增强

产生旅游动机的两大要素是时间与金钱。旅游是社会发展到一定阶段才出现的产物。随着社会的发展和工业化的进步，人们的闲暇时间日益增多，工业社会给人们带来了财富，也为旅游的出行提供了经济支持。当国家经济发展到一定程度时，并且随着社会生产力的增强和科学技术的进步，人们逐步从繁杂的工作中解放出来，闲暇时间日益增多，加之人们对于精神生活的不断追求，旅游动机油然而生。

对于旅游市场需求增强的理解，应该从旅游者出游动机增强和旅游者对旅游活动内容以及由此获得体验需要的增强等几方面入手。随着经济的发展，在闲暇与经济状况允许的条件下产生旅游动机的概率不断提高。与此同时，人们的生活观念发生了改变，对于传统旅游的内容要求自然也提高。走马观花式的观光旅游已经满足不了人们释放日常工作压力的需要，而是需要一种别样的精神体验和角色互换，实现在现实生活中无法得到的精神享受与追求。

人们对于旅游内容个性化、多元化、体验化的追求促使旅游产品开发必须不断创新，从而满足更加多元化甚至异样化的旅游需求，促使与旅游相关的文化资源一改往日的文化表达形式，被赋予普遍价值观，进行二次创造，以迎合市场的高层次需求。因此，旅游需求量的增加和质量的提高对旅游产业和文化产业的融合发展起到了根本的外在推动作用，促使旅游产业与文化产业融合，不断生产出

新的旅游文化产品。

### （二）文化体制的革新

政府文化体制的改革使得产业间的进入壁垒降低，产业的生产范围也不断扩大，由此产业间的渗透、交叉和融合成为可能，产业结构趋于优化。而旅游产业与文化产业融合发展，源于文化体制改革的攻坚阶段及文化体制改革全面深化阶段。也正是基于文化体制的改革，才出现了旅游产业与文化产业的融合发展。这种改革也是两大产业融合的重要外部动力，它促使旅游产业与文化产业融合发展，使其拥有了更广阔的发展空间，也有利于我国传统文化精髓的传承与弘扬。

### （三）技术的创新

旅游产业融合的本质在于创新，而旅游创新必须以一定的技术手段为依托。当前，信息技术的发展和创新成为旅游产业融合的直接推动力，由此引发的信息化成为旅游业融合发展的引擎。

旅游信息化是当前旅游业融合发展的重要特征。在旅游资源整合、设施建设、项目开发、市场开拓、企业管理、营销模式、咨询服务等领域已经应用了现代信息技术，从而引发了旅游发展战略、经营理念和产业格局的变革，带来了产业体制创新、经营管理创新和产品市场创新，改变了旅游产业融合发展的方式，提高了融合发展的深度、广度，提高了融合发展的速度。如积极将网络信息技术、动漫制作技术等引进旅游业，可以创新旅游宣传、营销方式，从而加快旅游电子商务的应用，催生如旅游动漫等新兴产业。

因此，技术的创新与进步对旅游产业与文化产业融合发展机理的作用主要体现在以下几个方面。

1. 旅游技术构成是旅游产业与文化产业融合发展的基础

技术结构是指在一定时期内总体技术体系中各种水平、等级和不同形态技术所占比重及相互关系（交叉性的、综合性的），即使彼此分割的技术也会组成一个技术"家族"，单项技术进步可能会为其他技术进步奠定基础，形成"技术进步群"。旅游技术结构是指服务于旅游各行业、各领域、各环节、各区域、各企业的各类旅游科技资源、技术构成、技术组合、技术配置、技术引进、技术改造和技术嫁接的总和。旅游产业与文化产业融合发展无论是质还是量，都离不开技术创新与进步的因素。

20世纪后期是旅游产业与文化产业融合发展成长的形成期、资源优势取胜期，即旅游目的地凭借丰富的自然资源占领旅游市场；21世纪以来，随着旅游产业与文化产业融合发展步入成长期，旅游企业的不断增加以及消费需求的变化，促使旅游竞争加剧，旅游自然资源的开发不再是旅游目的地的比较优势。然而拥有技术创新的文化创意旅游以及旅游文化产品的开发创新，不但满足了游客的感官需求，还充实了其精神需求，因此，技术结构逐渐成为旅游开发的筹码。

2. 技术进步是旅游产业与文化产业融合发展的基础和动力

技术进步通过渗透与辐射机理促进旅游产业与文化产业融合发展的成长，它渗透与辐射到旅游产业和文化产业的劳动资料、劳动对象、劳动力等生产要素并使之发生变化。技术进步提高了旅游产业与文化产业生产要素的质量,以期优化旅游文化资源的配置方式与比例,从而促使旅游文化产业成长、成熟。旅游文化产业属于服务业,涵盖"吃、住、行、游、购、娱"的旧六要素以及"商、养、学、闲、情、奇"的新六要素,技术创新渗透与辐射到旅游文化产业,通过劳动资料与劳动力来体现,即旅游文化产业生产力的每一个要素在很大程度上是物化的科学技术。旅游产业与文化产业生产力要素的变化,正是旅游产业与文化产业生产宏观比例即结构变化的重要基础。大量事实证明,哪个产业的技术创新活力越强,以及对创新成果的吸收和融合能力越强,创新成果的商业化、产业化速度就越快,适应市场需求能力就越强。当这个产业所受的技术影响力足够大,那么其将进入快速增长时期和规模报酬递增阶段。为给旅游产业与文化产业融合发展注入新的活力,就要不断引用技术创新,并使之商业化。

3. 技术关联是旅游产业与文化产业融合发展的核心要素

技术关联在旅游产业与文化产业融合发展中担任着输送"血液"般的重任。技术关联表现为内在旅游文化产业产品链的供求关系,外在旅游文化是企业价值链的延伸。而旅游产业与文化产业的关联不仅是社会关系的关联,还包括技术关联。

从价值形式的发展和货币的演化史我们可以知道,随着生产力的发展,交换从简单的或偶然的价值形式发展到一般等价物,这从侧面说明了旅游文化部门增多,社会生产规模扩大,产业融合越来越复杂。部门之间一对一的关系日趋减弱,但旅游产业、文化产业、部门间的相互依赖性没有减弱,它们之间依然存在必然的内在联系,使得旅游产业部门与文化产业部门在产品的供求上相互制约与相互促进。赫希曼基准和里昂惕夫投入产出表就说明决定旅游产业与文化产业关联的是技术联系,不同部门之间发生联系的内在因素是技术,脱离技术水平的旅游产业与文化产业融合结构是一种畸形的产业结构,是一种缺少内在联系、不能良性循环的结构。旅游文化企业通过技术创新形成价值网络,依次向前、向后、向旁联系产业,传递与扩散技术,技术不断进步,旅游产业与文化产业就不断融合。

4. 技术的生命周期决定旅游产业与文化产业融合发展的生命周期

技术进步是一个逐步积累的过程。根据技术生命周期理论,一项技术从构思、孕育、产生、发展、衰亡到被淘汰为止的全过程,叫作技术的生命周期。因此,旅游产业与文化产业在不同时期对技术进步有不同的需求,例如在旅游产业与文化产业融合发展的初期,技术日益标准化,侧重于过程创新,技术的引进与开发要求较高;在中后期,注重渐进式创新,旅游文化产品朝多样化发展,产业融合进入高峰期,要求旅游文化产品开发不断创新并形成差异化。

### (四)其他产业的发展

目前,随着国家经济的发展和社会的不断进步,我国正处于经济转型发展时期,产业发展面临着诸多压力。其他产业与旅游产业融合,一方面是基于产业自身长期发展过程中累积的废弃资源的再利用,以增加产值,提升效益;另一方面,是谋求产业更广阔的发展空间和发展方向。其他产业基于自身发展需要主动与旅游产业进行要素的交流、整合，从而导致融合的产生。一些传统产业基于自身发展的需要，开始与旅游业联合，实现了本产业的资源再利用，提升了本产业的附加值，从而使得产业链延长，本产业的功能置换和创新得以实现。传统产业因为机器设备的老旧与废弃、产能过剩等情况，需要刺激新需求，开拓新市场，开发新产品，培育新业态。旅游业为其提供了一个新的发展方向和视角，这些产业依托旅游业完成了自身的资源再开发，创造了新价值，提升了产业本身的效益，同时，也丰富了旅游业态和旅游产品，延伸了旅游产业链。

## 三、旅游产业与文化产业融合发展的相互推动力

### （一）旅游产业与文化产业融合互动效应分析

融合互动是产业集成的一种有效形式，有助于在产业边缘地带激发出全新的产品，形成互生共赢的多重效应。旅游产业与文化产业可以相互依赖、相互促进、共同发展。所以，在融合发展过程中，旅游产业扩展文化产业发展空间，文化产业拓展旅游产业的内涵和外延。首先，依托旅游开发、挖掘文化，通过旅游这一载体传承、弘扬文化。其次，依托文化资源提升旅游文化内涵，加快旅游业的发展。最重要的是，通过旅游产业与文化产业的融合互动，获得文化的附加值，达到两大产业经济效益"双赢"的目的。实际上，两大产业的互动能够充分彰显区域文化，从而实现区域经济的最佳效应。

1. 旅游产业扩展文化产业发展空间

文化产业依托旅游市场，以自己的独特方式和途径逐渐发展，

旅游在这一过程中发挥了显而易见的载体作用。文化通过旅游产业让更多的人对其有了更多的认识和理解，由此促进了对文化的发掘与传承，实现文化资源的保值、增值甚至是创新，因此，旅游是文化发展的强大推力。游客对传统文化的好奇心是旅游中挖掘文化资源的关键因素。要满足旅游者的需求，就得注重对传统文化的传承与保护，让人们更清楚地认识到传统文化的延续与复兴的重要性，从而增强对文化的保护意识，带动文化体制的不断完善。

一个产业的发展需要以大规模的客源市场为支撑，而旅游业的最大优势是具有庞大的客源市场，由于大部分旅游者消费需求意向是异地的差异文化，这就促使旅游产业为文化产业吸引更多的观众，逐渐扩展文化产业的发展空间。目前，国内不少地区都在打造面向旅游业的文化演艺项目，如上海的"ERA—时空之旅"。而且文化演艺项目通过旅行社的途径进行销售，打破了传统的营销模式，保障了一定的客源及收入，无限地扩展了文化产品销售的市场空间。而且文化产业通过旅游走向更大的平台，向市场化、规模化、精品化方向发展，以充分实现文化的经济效应。目前，旅游市场的庞大消费群体是拉动文化产业发展的关键力量。

2. 文化产业拓展旅游产业的内涵和外延

旅游产业与文化产业是相互依赖、相互促进、共同发展的，两者的关系密不可分。而从旅游产业的角度看，蕴含文化因素的旅游产品与其他旅游产品不同，其更有吸引力，也更有市场竞争力。这样，旅游产业依托文化产业，不断优化升级旅游产品，满足旅游产业的多样化、个性化的市场需求，拓展了旅游产业的内涵与外延。

一方面，在旅游产业内注入文化，以文化的创新打造旅游文化产品，使静态的文化资源成为动态的文化旅游产品，从而长了旅游产品的生命周期。文化的创新设计与文化资源的动态展示，提高了资源产品的吸引力与旅游效益。最明显的是，文化的引入提升了旅游产业的文化内涵，文化产业的介入不断扩展旅游产业的外延。

另一方面，旅游产业具有明显的季节性，而且经常受气候的影响，这是困扰旅游产业发展的一个突出问题。在这种情况下，可以通过文化产业产品的介入解决此问题。文化是旅游的灵魂，能提升旅游的层次，关键是要走内涵式发展道路。只有在文化产业与旅游产业融合发展上寻找突破口，将提升文化内涵贯穿到旅游发展的全过程，才能改变游客走马观花式的传统观光旅游模式，促进旅游产业提质升级，从而实现由门票经济向旅游目的地建设转变，增强旅游地的核心竞争能力。

### （二）旅游产业与文化产业融合发展的相互推动力

旅游和文化如同人的身体和灵魂，没有文化的旅游失去了灵魂魅力，而没有旅游的文化则失去了发展形态和活力。旅游产业和文化产业在本质上都具有经济性和文化性，在实际发展中，它们也密切关联、相互促进。总体而言，旅游产业对文化产业的发展具有引导和扩散作用，而文化产业对旅游产业的发展则具有渗透和提升作用。

1. 旅游产业对文化产业具有引导和扩散作用

通过旅游的引导和扩散作用，使区域文化通过旅游的形式得以彰显，以游客作为载体与外地文化进行交流和传播扩散；旅游的发展为文化资源的整合开发提供指导思路和依附载体，可充分挖掘和整合区域文化资源，促进区域文化产业结构体系不断形成并完善，进一步促进其规模化与市场化，还可促进民族文化和历史遗产的延续与弘扬，实现文化保护与开发的良性互动。

2. 旅游产业能促进文化资源的开发、保护与交流

文化资源的历史性、时代性、无形性和脆弱性等特点，注定了其发展的艰难性，需要外在的辅助条件。无形的历史文化和有形文物遗迹很容易受到现代文明的冲击，从而失去其原有的光芒，也容易受到自然环境的侵蚀，从而残缺不全、光辉不再。此外，随着时代的发展，其价值也会不断地被忽视和淡化。面对文化保护和发展这个严峻问题，政府出台了一系列保障文化发展的相关政策，并从财政上加大对文化开发与保护的投入，呼吁社会公众增强文化保护意识并参与其中。但是，财政投入的资金有限，对社会公众的调动作用也同样有限，不能完全满足实际需要，文化资源的开发与保护仍旧是文化产业发展的瓶颈。我国历史长河中积累了丰厚的文化资源，其历史悠久、种类多样、内容丰富、独具特色，具有强大的吸引力。在当今旅游兴盛的时代，将文化资源开发打造成符合现代市场需要的旅游产品，具有巨大的经济价值；随着旅游产业的发展，文化资源的开发利用能带来可观的经济收入与较高的社会关注度，这又能为文化资源的保护提供充足的资金支持并得到社会的重视。因而，旅游产业的快速发展可以解决我国文化保护与发展面临的严峻问题。

旅游是世界性的，每个地方都拥有不同的背景文化和地域文化，

具有不同文化背景的游客在旅游中相互交流与沟通,促进了地区间文化的交流、传播与发展。各种博览会、展览会、学术交流会、景区体育比赛、主题公园等都是旅游与文化融合发展的表现形式,因此,旅游是无形文化的载体,为世界各地之间的文化交流与传播提供了途径。

3. 旅游产业扩大了文化产业的市场空间,增加了文化产品的销售量

旅游产业是世界性的大产业,每年全世界的游客高达几十亿人次,市场巨大;随着大众旅游的普及化发展,近些年来,旅游市场得到进一步扩大。旅游业涉及面非常广泛,与十多个产业相关联,其发展横跨三大产业,与第一和第二产业融合形成的产业形态相对较少,分别形成了农业观光旅游和工业旅游等产业形态;与第三产业中其他服务业的融合是最普遍的,形成教育旅游、体育旅游、医疗旅游、节庆旅游、会展旅游、商务旅游、文化创意旅游、影视旅游等众多复合产业形态。旅游产业市场广阔,文化产业借助与旅游产业的融合发展,文化产品逐步进入旅游产业市场,随着不断的融合发展,其市场空间将会得到空前扩展。例如,深圳华侨城集团创造了我国文化创意产业的经典,其欢乐谷、锦绣中华、世界之窗和中华民俗村四个旅游景区,充分运用现代休闲理念和高新技术手段,创造性地将国际国内文化元素融入特定的旅游景区内,以此来满足人们参与、体验时尚旅游的需求和追求异域文化的好奇心。华侨城的各个旅游景区都有不同的文化内涵和定位,分别能满足不同年龄群体的需求,成功跨入旅游产业的市场。将旅游产业"文化化",引领文化旅游经济的潮流,构筑更为完整的文化旅游产业链,开发更

多具有创意性的文化旅游产品，拓展更广阔的市场空间，是其发展努力的主要方向。

### （三）文化产业对旅游产业具有渗透和提升作用

文化是旅游的灵魂，没有灵魂的旅游是空洞无味的，且给人散漫的感觉，不易长期吸引游客。我国具有五千年的历史，积累了丰厚的历史文化和文物古迹；我国是多民族国家，各民族间具有小聚居、大杂居的特点，其民俗风情、建筑风格、宗教信仰不尽相同，这些都为我国旅游产品的生产提供了多样化的旅游资源和深厚的文化底蕴，对国内外游客具有强大的吸引力。

**1. 旅游产业与文化产业融合有助于丰富旅游产品的种类，增加市场竞争力**

文化虽是静态的、无形的，但是其具有强大的精神魅力。随着人们科学文化素养的不断提高，人们对于文化的渴求也日益增加。越来越多的人旅游的目的之一便是追求不一样的文化体验，开阔视野，拓宽知识面，旅游中文化的魅力越来越大。以前，我们只能通过文字、口耳相传等方式来了解古代的、异域的文化，但是随着科学技术的发展，并且采用高新技术手段，将隐性文化显性化、静态文化动态化，旅游产业因为文化的不断渗透而制造出更为丰富和更具魅力的文化旅游产品，打造更具市场吸引力和竞争力的旅游景区。我们熟悉的美国迪士尼乐园和深圳华侨城等主题公园就是成功的典范。现在，我们在景区里经常能接触到的水幕电影，它通过LED立体成像，借助先进的声光电技术，将景区文化展示给游客，给游客强烈的视觉冲击和轻松的文化体验,能够有效提高景区的吸引力。再如,横店影视城通过发展影视服务业而为人熟知,影视剧的热播,也为其带去了众多的游客,深入其中感受影视文化,使其成为新的旅游地。

2. 旅游产业与文化产业融合有助于提高旅游的内涵与品位

传统旅游景区往往拥有丰富的历史文化遗迹等文化资源,身处其中,游客只是静态观赏和听导游解说,这种旅游方式已不能充分满足游客的需求,不能直观地感受和领悟。随着文化产业自身的发展以及与旅游产业的融合,根据市场游客的需求,可借助现代科学技术手段,将传统文化资源进行梳理和整合,融入新的创意,从而改变传统的以静态文化旅游产品为主的状况,打造立体的、动态的、多样化的文化旅游产品,提升旅游产品的文化内涵和档次,将文化精髓更有效地传递给游客,满足其精神文化需求。

# 第三章 旅游产业与文化产业融合发展的手段

## 第一节 旅游产业与文化产业融合发展的资源整合手段

旅游产业与文化产业的融合发展是产业发展的必然趋势,有利于国内经济效益、政治效益、社会效益、文化效益和生态文明效益的提高,有利于旅游产业、文化产业乃至整个第三产业的可持续发展,符合国家建设和谐社会的要求,对于国内经济转型发展、建设美丽中国都有重大意义。实践证明,旅游与文化在融合过程中出现的瓶颈必须寻找合适的途径打破,实现二者顺利融合,以此带动旅游产业、文化产业以及旅游文化产业的快速发展。

所谓资源整合是指由一方发起,联合另一方或多方的整合,其突出特点是基于共生机理,并以互利为出发点,共同联合、努力获取和组合新资源。旅游资源与文化资源整合具有三层含义:其一,旅游资源与文化资源整合是产业资源从无序到有序、从固定到互动、从对立到统一的过程;其二,旅游资源与文化资源整合是产业资源按照有序化、高级化、规律化的要求结合为更完整、更和谐的一体化系统；其三，旅游资源与文化资源整合范围宽广，包括市场资源整合、营销资源整合及政策资源整合等方面。从资源整合内涵不难看出，旅游资源与文化资源整合可以有效改善两大产业融合深度和广度欠缺的状况；通过对管理体制、政策条件等方面的资源进行整合，可以建立高效畅通的融合通道，解决融合过程中机制不畅通的问题；通过对狭义上旅游资源与文化资源的整合，可以解决旅游资源和文化资源分散的问题。由此，借助资源整合实现旅游产业与文化产业融合发展是可行的。

鉴于此，以资源整合实现旅游产业与文化产业融合的路径十分重要，整合路径直接决定整合效果，且影响融合效益。本节结合国内文化产业与旅游产业资源的类型、分布及优劣势等，提出了几大整合途径。

## 一、以规划整合带动资源整合，实现旅游文化产业融合良性发展

旅游与文化资源的整合不仅仅是小区域内的排列组合，还是全国在旅游与文化整体发展规划下进行的整合。规划整合就是在已有成熟线路基础上达成"大点带小点，长线引短线，宽面分窄面，大圈带小圈"的规划思路。大点与小点是以景点的等级以及价值为区分点，大点即精品线路中的世界遗产或国家4A级以上旅游景点，而小点则指地域性的旅游文化景点；长线与短线是以线路在交通上的可进入性以及线路上景点的价值为区别，长线指连接处于主要交通

干线上的或者价值较高的景点的旅游线路，短线则指连接处于次级交通干线或小点的旅游线路；宽面与窄面、大圈与小圈主要是指以旅游景点与旅游线路结合形成的旅游网络的大小。因此，旅游的规划整合实际上就是对"点、线、面"的整合，即旅游上经常出现的"点轴"思路。点的选择至关重要，是整合的基础。整合过程既是"大化小"的过程，又是"小成大"的过程。这就要求在规划时以大点为基础，结合同级大点成为长线和大面，同时以大点为中心，整合同类文化内涵相似或者互补的小点资源，形成一个个以中心为辐射点的小圈，最终形成"大圈带小圈，小圈促大圈"的互动格局。

借助"大带小，小促大"的思路，辅之以"多层次需求，个性化设计"的思想，依托骨干线路建设，充分发挥优势，开发出专业性强、消费档次高、大小各异、长短不一的专题旅游线路，以此促进旅游产业与文化产业融合的良性发展。

## 二、以核心产业整合支撑产业，构建旅游文化产业融合发展平台

借鉴魏小安（2006）、郑胜华（2008）、弓志刚（2010）等对休闲产业的分类，依据旅游产业与文化产业内部各行业与旅游消费的关联程度及产品属性，可将旅游文化产业分为核心产业与支撑产业。其中，核心产业是直接为旅游消费者提供旅游服务的文化旅游企业群，如文化旅游景区、文化旅游演艺业等。支撑产业是为核心产业提供物质支持、交通和各类支撑服务的相关企业群，如交通运输业、文化工艺品制造业、餐饮业、金融服务业等。

核心产业与支撑产业是共生的关系，相互促进，互为支持。核心产业的发展需要支撑产业，支撑产业的完善又需要核心产业做引领，二者循环促进，共同发展。具体而言，就是要结合核心产业的特点及要素，以其为指导来发展支撑产业，最终实现核心产业与支撑产业共赢的局面。以核心产业整合支撑产业，就是要根据核心产业的需求安排相应的支撑要素，构建核心产业良好发展的平台。

以核心产业整合支撑产业，主要在于运用文化旅游产业的带动作用来整合相关基础设施产业。即通过文化旅游的扩散效应带动交通业、住宿餐饮业、旅游产品制造业等产业的发展，从而不断完善文化旅游产业"吃、住、行、游、购、娱"的综合功能。

可以看出，旅游产业与文化产业融合后的核心产业，在整个产业循环发展链条中通过辐射扩散的循环影响，将其产业优势辐射传递到相关产业链上的各个支撑产业中，尤其促进了"食、住、行、购、娱"等产业的发展。其具体体现在以下几个方面。

## （一）依托文化旅游方式，全面提升购物水平

例如，在山西旅游开发中，鼓励通过根祖文化、红色文化、晋商文化以及宗教文化等旅游景点提供前店后场式生产加工服务，在各区域内培养一批展示民俗民风的高水平特色工艺作坊，研发一批具有地方特色、文化和技术含量高的旅游工艺品，以此提高购物消费水平。

## （二）借助文化旅游业，重点发展特色餐饮

例如，在河南旅游开发中鼓励通过弘扬河南面食文化，突出豫菜特色，在旅游景点开办旅游饭店或开辟专用餐厅，突出各地餐饮的个性原料与特色文化，挖掘各地的传统餐饮名吃及烹饪工艺，打造一批特色强、营养高、叫得响、能致富的餐饮特色产品和品牌，统一标志，统一品牌形象，统一菜品，统一价格，以旅游风味餐的形式推向国内外市场。

## （三）以文化旅游为主，加快发展大众娱乐

国内丰富的旅游资源之所以还未转化为资源优势，原因之一在于缺乏活文化，资源的表现形式仅仅是静态的、不可参与的，因此要开发参与性、趣味性强的文化娱乐项目，挖掘国内民俗文化中最具代表性的娱乐文化元素，将其创新开发成传统内涵深厚、雅俗共赏的文化娱乐产品。要突出开发更多能够代表地方文化的娱乐大戏，形成系列产品，以此吸引顾客亲身参与、体会。通过"娱"的加强，丰富文化旅游内涵，彻底打破靠门票收入的局面，带动相关产业发展，并展示文化旅游的魅力。

## （四）以旅游文化为主，积极培育新型旅游业态

文化旅游业只有与其他旅游业态相结合，树立大区域、大旅游的思想，才可以更好地发挥其联动效应。因此，要培育发展观光旅游、采摘旅游、休闲度假旅游、商务会展旅游、工农业旅游、体育赛事旅

游等新型旅游文化业态，根据不同游客的偏好及品位，形成多层次、多形态、多品牌的旅游文化产品体系。

### （五）以旅游文化效益带动公共服务水平，加强基础设施建设

旅游文化产业的旁侧效应是指借助前期旅游文化带动基础设施建设，进而后期促进旅游文化加速发展。国内城市及农村旅游文化产业的配套服务设施功能不健全，具体表现为基础设施建设不均衡，景区服务管理水平相对滞后，旅行社品牌效应不强，信息咨询、外币兑换、国际通信、信息标识等服务尚不能适应国际化标准和市场需求，多语种导游服务、高技能管理人才缺乏等问题普遍存在，都制约着旅游产业与文化产业的融合发展。因此，提升旅游文化的公共服务水平，引导服务业的业务及功能向旅游文化地拓展都是必要的。

总而言之，为了促进旅游产业与文化产业融合发展，在"吃、住"环节，继续规范餐饮业和酒店服务业的服务标准，提高其服务质量；在"行"环节，加强交通方面的基础设施建设，改善旅游交通环境，加强民航、铁路、高速公路等基础设施建设，加强交通干线和景区道路的生态环境建设，以此来增强景区的可进出性；在"购"环节，进一步促进旅游购物和景区娱乐在内容、形式、数量、质量上的发展；在"游"方面，继续促进景区旅游电子政务、旅游电子商务、旅游服务中心、标牌解说系统、自驾车服务体系、旅游厕所、旅游图片库和信息库、旅游金融服务等项目的发展；在"娱"方面，加快建设有地方特色的大型娱乐项目，如主题文化公园、故事演绎文化园

等；在其他方面，要加强建设旅游医疗、旅游环境、旅游安全等保障体系，最终为旅游产业与文化产业的融合发展构建良好平台。

## 三、以不可移动的资源整合可移动资源，实现有形与无形的旅游文化产业融合

旅游资源与文化资源是否可移动与其是否有形紧密相联。一般认为，不可移动的旅游资源和文化资源以物质为载体，而可移动的则常以非物质为载体，不管是物质的还是非物质的资源，都可以统称为旅游文化资源。可移动非物质旅游文化资源本身具有小、散、乱的特征；而不可移动的旅游文化资源由于其物态性质，可以长期存在发展，能够以旅游资源和文化资源的形态传承，但如果内涵开发不够则会制约其发展。结合二者特点可知，借助不可移动的旅游文化资源整合可移动的旅游文化资源，能很好地解决非物质旅游文化资源因非物化形态而难以传承、物质文化遗产因内涵开发不够而难以发展的缺点，二者的整合可以实现相互促进、相得益彰。

要实现有形和无形的整合，就要通过主题展示及非物质文化遗产文粹园的形式，将民俗项目和动态活动有机结合起来，以此增加旅游者的参与性，变普通的观光旅游为丰富的体验旅游。具体做法如下。

### （一）以不可移动的名胜景区整合可移动的非物质文化资源

一些可移动的非物质旅游文化资源单独开发不一定能形成旅游影响力，达不到较高的经济效益，此类遗产资源可以依附于名胜景区来整合，使两者形成一种融合与互动的效应。这类模式适合民间

文学类、民间音乐类、民间舞蹈类和民俗类遗产。

### （二）以物质文化遗产为载体，建立文粹园，整合可移动文化资源

通过建立文粹园，将一个区域内重要的可移动物质文化资源纳入园中，在园中按一定时间进行展示、展演、销售等活动。国内可移动的非物质文化资源丰富，种类繁多，且地域差异大，因此在区域内可以考虑建文粹园，各地按区域文化来展现当地的民俗和技艺。

### （三）借助工业旅游，整合开发可移动的非物质文化资源

国内很多地区具有很多独特的工艺和技艺，这些成为发展工业旅游的条件。鉴于这些原因，国内目前已经形成很多有影响力的工业旅游区。以山西为例，山西杏花村是中国白酒源头，拥有丰厚的酒文化底蕴。

总的来说，工业旅游是整合非物质文化资源的一种方法，这使得游客在观光的同时，也可以亲身体验和了解中国传统手工技艺，进而了解中国文化。

## 四、以文化资源整合旅游资源，促进旅游文化产业融合发展

文化与旅游的融合发展不仅是对景点文化内涵的挖掘，还应该是在资源整合驱动下的产业资源的整合。因此，通过对文化与旅游两大产业内部的各个分支部分的整合，可以达到全面整合的目的。

## （一）影视传媒业、节庆会展业与旅游资源整合

旅游产业与文化产业的交互融合程度直接影响着旅游文化产业发展的高度，二者相互依托，相互渗透。借助以下几个方面来整合旅游资源会有很好的整合效果。

一方面，借助大众媒体来整合非物质文化遗产资源。这种方式需要借助电视这一比较直观的媒体，通过广告电视作品或拍摄专题纪录片来直接展现其现状。这适用于商品类遗产，如剪纸作品、醋、酒、平遥牛肉制作技艺和传统中医养生等。杂志作为一种比较有效的宣传方式也应该被考虑。据调查，境外游客了解旅游资讯的主要手段除口头传递之外便是杂志和网络，因此尽可能地邀请外国旅游杂志的记者与编辑，并将一部分广告经费投放于有影响力的旅游杂志是必要且可行的。至于网络对旅游的作用则更是显著，所以加强多功能、多语种旅游网站的建设，通过图片和视频等来展示旅游资源至关重要。

另一方面，借助影视作品或节庆会展等媒体事件来整合现有物质文化资源或已经转化为旅游资源的非物质文化遗产资源。影视作品对旅游文化资源的影响不容忽视，可以有效发掘资源文化内涵，提升文化品位。以影视作品形成的影视文化凭着自身强大的娱乐功能与宣传效应，吸引观众前去影视拍摄基地游览，回忆和体验故事中主人公的行为经历，参观故事片段的发生地。同时，影视作品对旅游地的展示时间较长，这会对潜在旅游者形成身临其境的刺激，使其转化为现实旅游者。

## （二）艺术品、工艺美术业与旅游业的产业资源整合

例如山西省人民政府将工艺美术行业划归省文化厅管理后，工艺美术业与旅游业的融合更显必要，融合的实质即借助相对成熟的旅游业市场平台开拓文化消费市场，不断丰富文化产品的层次及内容，在更大范围内促进工艺美术业的发展，形成文化产业与旅游产业共同发展的双赢模式。

首先，要大力开发具有区域标志文化元素的旅游工艺品或民间艺术品，通过旅游市场的大力推广，以及通过文粹园的辐射效应，让这些具有地域特色的文化符号成为游客的"必购品"，成为省际、国际对山西的"印象品"，成为民间文化交流的"必需品"。这不仅促进了文化交流，加深了旅游印象，也为工艺美术业的传承和发展提供了所需的资金，提高了旅游业的经济效益，同时带动了工艺美术业的蓬勃发展。如山西剪纸通过中国（广灵）剪纸节活动，传播了广灵特色文化，使广灵剪纸以旅游纪念品的形式走出山西，走向世界，有效地挖掘、抢救、保护和发展了剪纸艺术，使其由濒临失传变为蓬勃发展的朝阳产业。其次，区域政府应该以文化节、国际摄影展等重大节庆活动为发展契机，在节庆期间推出精品旅游线路，做好媒体宣传活动；要以节庆活动为突破口，推进区域标志性旅游工艺品的开发，对国内的剪纸艺术、美术陶瓷、花画工艺品、抽纱刺绣工艺品、民俗工艺品、雕塑工艺品等传统工艺进行积极的市场推广，扩大中国文化及旅游在国内外的知名度。

### （三）休闲娱乐业与旅游业的产业资源整合

将文化产业中的休闲娱乐业与旅游产业进行深度融合，要用文化要素充实旅游业的娱、购功能。将普通的观光旅游变为丰富的参与性旅游，调动游客的积极性，吸引游客。在具有情景开发价值的景区，如乔家大院、平遥古城、莺莺塔等景点，让游客白天进行景点观光，晚上观赏艺术表演，身临其境地体会景区源远流长的故事，从而提升旅游品位，增加旅游的趣味性。通过这些来扩大旅游产业规模，延长产业链条，促进上下游产业的发展。要积极借鉴国外其他地区文化资源与旅游资源融合的实践经验，建设一批集旅游、文化、购物、娱乐、休闲于一体的旅游文化景区和文化旅游主题公园。在强化旅游功能配套的同时，整顿不合理文化，融入时尚文化，合理开发娱乐休闲项目，将历史与现代有机结合，营造让游客流连忘返的文化旅游项目，进而促进国内产业结构调整，拉动国民经济又好又快地发展。

## 五、以大景区整合分散资源，实现旅游文化产业集群化发展

大景区是指文化内涵浓厚、规模较大、级别较高（一般为4A以上）的景区，一般包括世界文化遗产、国家4A级以上景区等。借助大景区的静态效果来对分散文化资源进行移植整合，实现旅游产业与文化产业集群化发展，以此来实现旅游产业与文化产业的深度融合。依据产业集群理论，国内不少区域的旅游产业与文化产业具备

集群条件。一是旅游企业具有聚集特征,对于各旅游区域而言,其竞争力的大小来自各个旅游相关行业及企业的共同努力,在旅游区域或者旅游景点,旅游相关利益群体所进行的空间上的集聚是满足旅游产业与文化产业集群的首要条件。二是聚集在旅游目的地的企业之间存在着密切的产业联系,即旅游目的地企业之间存在知识和信息共享。可以看出,国内各旅游区域的利益相关群体不仅包括当地旅游景点的基础设施的提供者,而且包括当地居民等一系列相关者,如旅行社、旅游产品供应商、旅游宣传部门等,这些利益相关者在信息上的共享以及行为理念上的共识可以促进当地旅游的健康可持续发展。三是旅游区域具有创新动力。即使在同一区域内,旅游资源也比较分散,旅游观念也不尽相同,具有较大差异,因此,相互学习可以促进旅游产业区域发展,创造旅游文化发展新动力。

## 六、以大集团整合中小企业,提高旅游文化产业集聚度

借助大集团运作、整合中小企业。具体到实践中,一是要鼓励以资本为纽带的旅游、文化企业间的合作,实现优势互补、市场共享,培育龙头旅游文化企业;二是要在市场准入方面降低门槛,消除恶性竞争;三是在资金方面要继续加大对旅游文化企业的资金支持力度,对经济实力一般的企业给予资金支持,通过政企合作、股权投资、发行旅游债券的方式,完成对旅游文化龙头企业的打造;四是对旅游文化企业存在的所有制结构问题,要突破原有观念,通过各种资本结合方式,形成以公有制为主体,多种所有制并存的体制(山西

省煤炭资源整合在这方面的"优进劣退、大进小退"的整合思想可以作为经验效仿）；五是在税收方面要根据国家政策具体落实税收优惠幅度及范围，对于发展潜力大的企业免征营业税或少征营业税；六是在政策方面要继续遵循大集团运作的思想，着力营造良好的软环境，构建投资服务支撑体系，通过这些举措来培育旅游文化龙头企业，提高旅游产业与文化产业融合的深度。

## 七、以跨区域合作整合文化旅游资源，促进旅游文化产业融合发展

旅游资源与文化资源具有很强的分散性和互补性，一个地区旅游产业与文化产业的融合发展只有拓展至更大的区域范围才会有突破性进展。以山西省为例，借助中部地区其他省份的发展，通过与其进行合作，打造跨区域旅游文化圈更有意义。通过跨区域旅游合作整合省内外文化资源、促进旅游产业与文化产业融合发展不仅可行，而且已经有所成效。因此，相关部门应从以下两方面着手：

一方面，加强资金利用、招商引资以求发展。不少省份被确立为综合配套改革试验区，这一政策对各省资金的流入有着重要的意义。在政策的指导下，各省应深入挖掘旅游资源的文化内涵，加大旅游活动的文化含量，通过各种手段提高国内旅游产品的品位和格调，打造出对游客具有文化吸引力的旅游文化产品，利用自己的旅游文化资源优势来吸引各地的投资资金，以此来促进区域经济发展，最终实现区域共赢。

另一方面，在资源上实现共享和互补。整合过程中要充分发挥地

域特色，求同存异，不断加强与周边省市的合作，以邻为伴，与邻为善，挖掘人脉关系、经济联系、文化源流等，加强与其他地区的旅游区域合作，实现旅游产业与文化产业的共同发展。在实践中，可以将国内各地区不同文化景观按照比较优势理论及区位理论进行分配，进行差异化开发和发展，形成各具地方特色及文化底蕴的子文化旅游带，增加彼此之间文化旅游资源的依赖度。同时，借助便利交通、金融合作、景区合作、文化共性等要素打造区域无障碍旅游文化圈。

## 第二节　旅游产业与文化产业融合发展的市场整合手段

市场整合理论是在实践中不断发展和完善的，而旅游市场和文化市场整合理论也在不断演化和发展。旅游产业与文化产业融合发展的市场整合手段可以细化为：旅游市场与文化市场的空间市场整合、旅游市场与文化市场的营销阶段整合和旅游市场与文化市场的时间整合。接下来将对这三种手段逐一进行阐述。

### 一、旅游市场与文化市场的空间市场整合

众所周知，旅游产业与文化产业融合发展会形成一个新的产业——旅游文化产业，在旅游文化产业领域所生产的产品即旅游文化产品。旅游市场和文化市场的空间市场整合是研究某一旅游文化产品市场价格变化对另一旅游文化产品市场价格变化影响的程度。从理论上来讲，在完全竞争的假设下，处于不同区域的市场之间进

行贸易,某产品在输入区的单价等于该产品在输出区的价格加上单位运输成本,如果输出区的价格变化会引起输入区价格同样方向和同等程度的变化,则称这两个市场是完全整合的。空间市场整合通常可分为长期市场整合和短期市场整合两种。长期市场整合指两个市场的价格之间存在长期稳定的联系,即使这种长期均衡的关系在短期内被打破,最终也会恢复到原来的均衡状态。短期市场整合指某一市场上该产品价格的变化会立即在下一期引起另一市场上该产品价格的变化,它反映了市场之间产品价格传递的及时性和价格反应的敏感性。如果某个国家的任何两个市场之间都是整合的,则称这个国家的市场是整合的或一体化的。而实际上,任何一个国家的市场都不可能完全整合,完全整合是一种理论上的状态。

## 二、旅游市场与文化市场的营销阶段整合

营销阶段的整合是指不同营销阶段的整合,主要是研究同一商品在某营销阶段的价格变化对下一阶段价格变化的影响程度。如果某商品在不同营销阶段的价格满足"下一阶段价格=上一阶段价格+营销成本",则此营销阶段之间是整合的。如批零市场整合,即某商品的批发市场和零售市场之间的整合。

所谓旅游市场与文化市场的营销阶段的整合,是指旅游文化产品不同营销阶段的整合,主要研究旅游文化产品在某营销阶段的价格变化对下一阶段价格变化的影响程度。如果旅游文化商品在不同营销阶段的价格满足"下一阶段价格=上一阶段价格+营销成本",则此旅游文化产品的营销阶段之间是整合的。

## 三、旅游市场与文化市场的时间整合

市场的时间整合主要是研究某商品的现期价格变化对后期价格变化的影响程度。当满足"后期价格＝现期价格＋储藏费用"时，则称为时间整合。

旅游文化市场的时间整合主要研究旅游文化产品的现期价格变化对后期价格变化的影响程度。当满足"后期价格＝现期价格＋储藏费用"时，则称为旅游文化市场的时间整合。

## 第三节 旅游产业与文化产业融合发展的营销整合手段

营销整合的概念源于管理学。在管理学领域，营销整合所要解决的关键问题是企业与外界的融合问题，即在整合的基础上实现与竞争者"和平共处"，让消费者高度满意。现将营销整合视为旅游产业与文化产业融合发展的手段，则是指以游客为中心，对不同地市、不同资源的相关营销因素进行重组，统一旅游与文化的发展目标，统一区域或地区文化旅游的整体形象，以此为国内外游客传递文化旅游的综合信息，实现吸引游客的目的。笔者认为，旅游文化企业的营销整合主要从以下几个方面来展开。

### 一、景点营销整合

就单一景点来说，要从内部提高旅游文化景点的文化内涵，根据不同地区的特色资源及重要营销事件来构思不同的营销方式。

（1）对于国际公认、知名度高的优秀旅游资源，如平遥古城、清明上河园、云冈石窟、张家界森林公园等，可以遵循"大景点支撑"的理念，在发展时，直接把现实的旅游文化资源开发成旅游产品，并保持其原貌，形成精品旅游景区，构成国际旅游文化体系中的尖端旅游文化产品。

（2）对于已失传的传统文化，可以按照历史记载，挖掘题材，恢复历史面貌，以人造景观的方式再现民族历史文化。山西襄汾"丁村古村落"便适合这种模式，通过仿照当年格式的建筑及民俗，向游客表演如何使用原始农具耕作、原始车船运输等古老的传统习俗以及各种民俗，再现了当年远古人类劳动和风俗习惯，以此吸引了大量国内外游客。

（3）对于一些传统民俗节日和历史事件的发生地，可以借助具有一定时效性的旅游事件，构成区域文化旅游活动的时间多样性，借此进行整合。如通过举办牛郎织女旅游文化节、峨眉山国际旅游节等营销事件来进行旅游营销。

（4）对于包公祠一类的文化景点，可以在旅游旺季特别是"五一""十一"黄金周以及民俗节假日，由文化传播公司联合承办节庆演出，并与新闻媒体紧密结合进行广告造势、亮点宣传，重点突出大宋包公文化，依据影视宣传来扩大知名度。如开封连续多年举办"菊花节"，利用这个独创性载体，通过新颖的系列文化活动以及与国内外游客的交流，大幅度提升开封古城的知名度和美誉度，同时让国内外游客了解开封、关注开封，从而提升开封的经济和社会效益。另外，近年来开封背景的影视剧发展迅速,成果显著,借助《包青天》《少年展昭》等影视剧为开封的旅游业发展进行宣传造势也渐露成效。

(5)对于一些民间文学的发生地景区,可以采用情景营销方式进行整合,即在旅游过程中给游客塑造一种小场景,使顾客身临其境地感受到自己成为情景之中的一个角色,打造"角色融入式旅游"。或者以拍电影的形式将旅游地的文化做成剧本,角色由游客来饰演,制成简短的电影片段,向游客收费后,由其自己保管。

(6)从游客层面上来讲,鉴于游客对文化旅游的热衷逐步升温,应结合游客的需求进行分门别类的文化旅游开发及营销整合。有调查表明,游客群中男女比例相当,因此在资源的开发和项目的设置上应该注重对男女游客的统筹兼顾;游客群的年龄比例以青壮年(18~34岁)为主,老年人也占据相当大的份额,因此在旅游路线的设计上应该主动迎合这部分游客的需要,分层次分群体进行营销;在游客群的职业构成上,教师、学生以及企事业单位工作人员占据主要地位,因此应该侧重对学生群体的营销,加大对学术游及探秘游等新兴路线的宣传,同时针对这一群体推出比较便利和优惠的旅游路线;在旅游方式上,自助游和自驾游逐渐成为主流,因此应该加大对自助游和自驾游等基础设施的建设。总之,从游客的需求和特点出发,进行针对性的宣传和旅游促销意义重大。

## 二、区域整体营销

就不同地区之间的营销整合而言,主要是对营销方式、营销人才的整合。中国地大物博、人口众多,各地区在经济发展、交通网络、资源禀赋方面存在差异，地域之间的营销整合主以旅游产业与文化产业为核心点，建立有效的营销服务平台。在营销理念方面，各个地区要保持一致的理念，致力于将中国打造成为全国旅游文化基地，在类似及互补资源方面要坚持营销方式与资源存在方式求同存异的观念，通过有力的宣传促销来创造强有力的旅游文化品牌；在营销环节上，要与旅游文化产品的开发紧密结合，使得游客充分参与强力旅游文化品牌，体验品牌的多层次、多样性，同时通过营销方式的整合及旅游文化产品的设计，满足游客的层次化、定制化、特殊化旅游需求；在营销人才上，要加强国内各地区以及省际旅游营销人才的合作与交流；在营销方式上，要借鉴运用分类营销、捆绑营销、有奖营销及季节营销等新型营销方式，使营销宣传的旁侧效应最大化。通过这些举措真正形成营销资源共享、营销人才共创、营销创意共思、营销效果共喜的整体营销整合局面。

## 第四节　旅游产业与文化产业融合发展的政策整合手段

### 一、政策整合概述

旅游产业和文化产业在我国国民经济与社会发展中的重要作用受到中央政府的高度重视，旅游产业和文化产业融合发展已开始融入国家经济社会发展战略体系当中。

政策整合是政府为改变产业间的资源分配和企业的经营活动而采取的政策,旅游产业和文化产业的政策整合,实际上是政府为了实现一定时期内特定的经济与社会发展目标而制定的针对旅游产业和文化产业发展的许多相关子政策的总和。政府一般通过制定政策整合来有效地对旅游经济进行干预。通过制定符合本国国情的旅游和文化产业政策,国家能有效地提升旅游和文化业的国际竞争力,促进旅游产业和文化产业的可持续发展。健全我国旅游产业与文化产业的政策整合的必要性主要体现在以下几个方面。

## (一)符合国家产业发展的重点

从经济产业特征和发展前景来看,健全我国旅游产业和文化产业政策整合符合我国产业政策制定纲要的工作重点方向。旅游产业与文化产业是朝阳式的产业,正处于新兴发展阶段,发展后劲十足。国家把旅游和文化产业确定为第三产业的重点,明确将其作为第三产业中"积极发展"类产业重点发展。

## (二)符合经济发展的客观要求

旅游业和文化业的发展能扩大内需,这是不容置疑的。从发挥旅游业和文化业扩大内需的功能上来看,加快制定政策是必然的选择。把旅游业与文化业确定为国民经济的新增长点,这种提法就是从旅游业和文化业扩大内需潜力的基础上论证的。为了实现我国经济的快速、持续增长,加快制定旅游产业和文化产业融合发展的政策也是发展市场经济的客观要求与必然选择。

### (三)符合旅游业与文化业本身的特点

旅游业与文化业的融合具有依托其他行业及与其他行业有很大的关联性等特点,其发展会涉及许多部门和行业,需要各个部门之间有机合作,往往只靠某一个旅游部门或者某一级政府是不能完成的,需要通过国家的产业政策加以宏观指导,这也是确保国家对旅游业和文化业发展有效推动和调控的手段。

### (四)政策制定具有现实可能性

目前,我国制定产业整合政策的条件已经成熟。在实践中,我国旅游业和文化业发展的方向性、原则性、趋势性问题已经比较明确,这些有利条件决定了我国出台旅游产业和文化产业的政策整合具有现实可能性。

## 二、旅游产业和文化产业政策整合策略与政府调控思路

### (一)把握旅游产业和文化产业政策制定的主体

首先,发挥政府的主导作用。充分发挥政府的指导、引导和倡导作用,为旅游产业和文化产业的发展创造良好的社会、经济、文化和自然生态环境。旅游业与文化业的高效持续发展需要政府对其进行规划、规范、指导和控制;要发挥各级政府部门、职能部门的领导调控作用,同时需要处理好各级政府与企业及市场之间的关系;

要明确旅游产业和文化产业的管理主体、管理权限，防止出现管理混乱、令出多头的现象；要形成产业调控能力，加大政府的导向性投入，广泛地调动起全社会投资发展旅游产业和文化产业的积极性。总之，通过政府的调控，资源可以得到有效的配置，从而保护旅游企业和文化企业的经济利益。随着我国政治体制与经济体制改革的深入，政府主导型产业势必会发生转化，演变为政府指导型、政府协调型产业。

其次，企业层要深化改革。按照市场经济要求，要改革旅游与文化企业体制，积极推进多种形式的产权制度改革，搞活中小企业。一方面，走集约化经营道路，调整旅游与文化企业结构，实现跨地区、部门、行业的集团化大型企业、专业化中型企业、网络化小型企业的企业格局，创新企业的经营模式。另一方面，积极吸引国际资金、社会资本。要使民营资本进入旅游与文化行业，参与开发建设与经营，建立多元化投入的市场运作机制。

最后，根据比较优势理论，加快培育旅游企业竞争力，增强竞争意识。

## （二）探索完备的旅游产业政策体系

根据市场发展的需要，国家制定和完善旅游和文化政策，明确旅游与文化经济的发展方向，指导旅游与文化经济的全面发展。这些政策主要包括以下几个方面：一是产业定位政策问题。即要明确旅游与文化业在国民经济中的地位，这是一切具体政策的源头和根本。二是产业导向政策。即旅游与文化业发展所应坚持的原则和方向。三是产业市场政策问题。明确和强调市场导向的观念,是市场经济对产业政策的基本要求。四是产业布局政策。产业布局的宏观调控政策的目的和作用主要是调整结构、转变增长方式。其中包括经济结构调整、产业结构调整、产品结构调整等。五是产业投入政策问题。国家应鼓励社会各方面对旅游与文化业的投入,贯彻"五个一齐上"和"内外资并用"的方针。六是产业组织政策问题。国家应要求加强旅游与文化市场主体的培育,为旅游与文化企业创造公平竞争的发展环境,实施适合经济特点的产业组织政策。七是产业保障政策问题。旅游产业和文化产业政策的有效实施,在很大程度上取决于保障手段。支持旅游与文化部门应以法律、法规等形式保证产业政策的实施。

## (三)完善旅游产业政策的立法程序

产业政策制定过程实际上是各方面、各部门利益主体知情、表达意见和利益博弈的过程,在立法的过程中要坚持公开、透明、民主、参与的基本原则。在政策操作中,要对项目的可行性和必要性进行论证。吸收公众的参与,做好调研,应将该立法的背景、意义、目的、目标、进程、方案选择、总体内容,以及公众、专家参与的方式、途径、程序、具体办法等在一定的范围内进行公告,在公告期间要保障公众能充分表达其意见。建立立法的跟踪评估机制,保持对立法全过程的监督,保证立法机构及时修订和矫正法律法规自身所面临的一些缺陷,进一步改进立法工作,以不断地提高立法的质量。

## （四）形成旅游产业国际合作与竞争的政策支持环境

随着我国旅游业与文化业国际地位的不断提高，国际合作与交流日益加强。我国积极参与世界旅游组织和地方旅游组织的各项活动，不断走向世界，不断扩大与主要客源国的交流。通过国际合作，交流发展旅游产业与文化产业的经验。在实践中，能够借助对方的力量来弥补自己的不足，加速旅游产业与文化产业发展的进程；通过国际竞争，也可以培养较高素质的旅游产业与文化产业，从而进一步完善本国和地方的旅游和文化市场，为旅游产业和文化产业的健康、长期成长奠定基础。我国要加大对国际交流合作的政策支持力度，积极创新与外国企业的合作方式，支持本国旅游企业参与国际市场的竞争并给予必要的资金、人才等方面的支持。旅游产业和文化产业政策的内容和形式也应该体现出这种政策导向。

# 第四章 旅游产业与文化产业融合发展的模式

## 第一节 旅游产业与文化产业融合发展的模式概述

模式是指某种事物的标准形式或使人可以照着做的样式,是解决某一类问题的方法论,即把解决某类问题的方法总结归纳到理论的高度。基于概念的模式与基于现象总结的模式不同,前者依据概念本质的区分而进行界定,后者则主要基于某一类现象特征的总结而进行区分。基于概念的模式在类型划分上具有概念本质区分性和完备性,体现了不同模式之间在概念内涵上的本质区别,同时也涵盖了所有的实践现象。因此,基于概念的模式研究更具有理论价值和实践意义。理论上能够更加深入地认识概念的本质特征,实践上能够针对不同模式下的现象提出相应的指导建议。

### 一、旅游产业与文化产业基于概念模型的融合模式的界定

基于概念模型的旅游产业与文化产业融合模式的划分,应该突

出同一融合模式下旅游产业与文化产业融合现象和融合本质的相同性，不同融合模式下文化产业与旅游产业融合本质的区分性。基于此，本书对旅游产业融合模式的界定如下：由于旅游产业中的旅游内容跨越了它与文化产业之间的产业边界，而对融合产业链进行改变，最终形成旅游文化新业态的过程称为旅游产业的主动融合；由于文化产业中的无形要素跨越了该产业与旅游产业之间的产业边界，从而改变了旅游产业链，最终形成新业态的过程称为旅游文化产业的被动融合；如果旅游产业与另一产业融合过程中同时出现旅游产业与文化产业的主动融合和被动融合的原因、过程和结果，称为文化旅游产业的互动融合模式。旅游产业的主动融合体现了旅游产业改变文化产业链的过程，旅游产业的被动融合则主要体现了文化产业改变旅游产业链的过程，而旅游产业与文化产业的互动融合则体现了旅游产业与文化产业相互改变产业链的过程。

## 二、旅游产业与文化产业基于概念模型融合模式的作用

### （一）体现了旅游产业与文化产业融合的本质

在旅游产业与文化产业融合模式已有的研究中，主要是套用产业融合理论的相互交叉、相互渗透模式及基于产业链的横向拓展、纵向延伸及交叉渗透模式。这些融合模式并没有基于旅游产业与文化产业融合本质原因对模式内涵进行分析，因此无法体现旅游产业与文化产业融合的本质特征。由于没有一定的模式界定标准，有些模式之间甚

至存在着相互交叉和重叠的现象。脱离融合本质原因的旅游产业融合模式界定在内涵上无法体现融合的本质，在内容上无法概括所有的融合现象。这些旅游产业融合模式研究仅仅体现了旅游产业与文化产业融合过程中的相互作用形式，并没有对不同作用形式下的融合结果进行界定。融合本质原因、过程和结果是旅游产业融合发生、发展和结束的演进脉络，旅游产业融合模式应体现本质原因、过程和结果的统一性。基于概念模型的融合模式体现了旅游产业与文化产业融合发生、发展和结束的过程，基于融合本质原因的不同，对不同的融合过程和结果分别进行了界定。同一模式下的旅游产业与文化产业融合有相同的融合原因、过程和结果，而不同的融合模式之间也体现了融合特征的本质区别。基于概念模型的旅游产业与文化产业融合模式避免了脱离融合本质的融合模式概括，不仅对不同类型的融合现象进行了总结，而且体现了融合的本质特征。

### （二）旅游产业与文化产业融合的可行性

旅游产业边界虽然具有不确定性，表现出极易与其他产业融合的特征，但是这并不能代表旅游产业可以与所有的产业进行融合。基于概念模型的旅游产业与文化产业融合模式基于融合的本质原因对不同模式进行了区分，因此也明确了旅游产业与文化产业在不同融合模式下应该怎么进行融合。旅游产业与文化产业主动融合时，被融合的文化产业需要具备吸引游客的特征和成为文化旅游资源的可能性，然后旅游服务才能基于该旅游资源对该产业进行旅游服务功能的延伸融合。在被动融合时，旅游产业需要具备主动融合文化产业无形要素的应用平台，才能使文化要素渗透到旅游产业中，从而实现旅游产业的创新。因此，在政策制定上可以首先提倡旅游产业主动与旅游开发价值高的文化产业进行融合，同时促进具有较广泛的融合要素应用平台的文化产业与旅游产业进行融合。这样的政策导向既能避免全面开展旅游产业与文化产业融合的盲目性，又能提高融合的绩效。

### （三）旅游产业与文化产业融合中改变与被改变的过程

基于概念模型的旅游产业融合模式主要体现了不同融合模式下旅游产业与文化产业、文化产业改变旅游产业或旅游产业与文化产业相互改变的过程。旅游产业主动融合中，首先是基于文化资源平台延伸旅游服务而形成新型文化旅游产品，然后基于该产品不断地衍生出其他的相关文化旅游产品，从而改变了原产业产品开发和销售环节，实现产业链的转变。因此，针对主动融合模式下的旅游产业融合现象，应基于新型旅游文化产品，积极开发相关的衍生文化旅游产品，从而促进旅游产业对文化产业的改变过程，加快旅游产业与文化产业主动融合的实现过程。旅游产业被动融合时，主要需要寻找文化融合产业的无形要素在旅游产业得以应用的共用平台，应积极促进文化产业要素在旅游产业所有具有该应用平台的环节得以应用，从而扩大文化产业对旅游产业的创新绩效。旅游产业与文化产业的互动融合实现了旅游产业与文化产业融合中的相互改变。因此，旅游产业改变文化产业的产业链时应基于相关资源载体积极开发旅游产品。同时，扩大文化产业无形要素的应用平台。

## （四）重新认识旅游产业与文化产业的融合结果

旅游产业与文化产业融合模式的已有研究中并未将融合结果与过程和原因联系起来分析，只是提出新产业或新业态等创新形式的出现，因此，无法辨识出旅游产业不同融合模式下的融合结果的不同。旅游产业与文化产业融合模式有不同的创新结果，体现了不同的融合绩效，脱离融合模式的融合结果进行分析容易导致融合绩效的夸大。基于概念模型的旅游产业与文化产业的融合模式研究将融合过程和结果结合起来分析，能够更好地辨识出不同融合结果产生的原因和过程，并能基于不同的融合阶段重新认识旅游产业与文化产业融合创新的形成过程。主动融合初期主要是文化旅游产品的产生，被动融合初期则主要体现在部分功能模块的创新，互动融合的融合结果兼具主动融合和被动融合的创新成果。

## （五）进一步阐释了旅游产业与文化产业融合的概念内涵

基于概念模型提出的旅游产业与文化产业融合发展的模式，在理论上概括了旅游产业与文化产业融合概念的全部内涵，在实践上对目前的旅游产业与文化产业融合现象进行了归类和总结，因此能够进一步地理解旅游产业与文化产业融合的本质特征，同时更好地指导未来旅游产业与文化产业融合的发展。

## （六）明确了旅游产业与文化产业融合发展的实践方向

基于概念模型的旅游产业与文化产业融合模式对不同模式下的融

合本质原因、过程和结果进行了明确界定,加深了对旅游产业与文化产业融合模式下的前提条件、产业链的改变过程和融合创新结果的理解,因此能够明确指导旅游产业与文化产业融合实践发展的方向。

## 第二节　旅游产业与文化产业融合发展的模式方法

旅游产业与文化产业融合作为一种特殊的经济文化现象,是两大产业发展到一定阶段时必然面临的产业转型升级的客观要求。旅游产业与文化产业融合,旅游因为文化的渗透而变得丰富多彩,富有品位;文化因为旅游的开发而变得生机勃勃,富有活力。关于两者的融合模式有很多,笔者认为当前流行且切实可行的模式主要有政府引导型模式、市场主导型模式、旅游带动型模式、文化带动型模式和文旅一体化模式。

### 一、政府引导型模式

笔者认为政府引导型模式主要应围绕政府、政策和环境来展开。

#### (一)转变政府角色

为了促进旅游产业与文化产业的融合发展,政府的角色转变需要体现在以下几个方面:

第一,政府要为旅游产业与文化产业融合发展创造良好的环境。这包括为促进两大产业融合发展而制定相关政策和法规,同时还要制定政策规范知识产权市场。

第二，政府要为旅游产业与文化产业融合放松产业管制。这包括为促进旅游产业与文化产业融合发展而改革传统管制、体制及政策。

第三，政府要为旅游产业与文化产业融合发展出台相应的产业政策和技术政策。这包括为促进两大产业融合发展而改革政府规制机构、规制政策，加强激励性和社会性规制的深入改革，发展高新技术并强化其在旅游产业与文化产业融合发展当中的重要作用。

## （二）提供政策支持、法规保障和管理协调

鉴于政府在旅游产业与文化产业融合中扮演的不同角色，本书构建了基于多角度的政策支撑体系。

### 1. 在政策支持方面

政府要通过打造相应的平台并提供优惠政策和资金支持，以此来引导和推进两大产业的融合发展。第一，打造旅游平台。政府应建设"文化创意产业园区"，举办"节庆展会"活动，为旅游产业和文化产业的融合发展创造有利条件。第二，制定优惠政策。这主要包括提供发展政策、土地流转政策和税收等优惠政策，来扶持旅游产业和文化产业的融合发展。第三，给予资金支持。政府应设立和收集不同性质的资金并培养企业对资金有效利用的能力，并加大自身对资金统筹和运营的能力，通过加大支持力度来促进旅游产业与文化产业的融合发展。具体方式有成立产业融合基金会，并设立包括会展基金、动漫旅游发展基金、影视旅游发展基金、旅游演艺发

展基金和旅游电子商务发展基金在内的多种专项基金。

2. 在法律保障方面

以文化创意产业与旅游产业的融合发展为例，二者的融合是通过创意思维进行要素整合、主题策划和产业创新的结果，这种融合模式和创意成果的突出特点是极易被模仿和复制，因此法律要采取有效措施来对创意成果进行有效的保护。具体而言，不仅要保护创意成果本身，还包括由其衍生的知识产权、版权、专利权和商标权。只有这样，政府才能通过对知识产权的有效保护，形成促进旅游产业与文化创意产业融合发展的法律环境和竞争环境。

3. 在管理协调方面

政府作为旅游产业与文化产业融合发展中的协调者，应该做到以下几点：首先，要厘清管理体制、消除多头管理和行业壁垒，即改变目前旅游景区景点同时分属旅游局、林业局、文物局和园林局管理的复杂局面，消除不利于旅游产业与文化产业融合的政策规制；其次，要重设管理机构、加强统一管理，即在各相关部门抽调一定的人重新创建一个新的机构——目前的文化产业园区管委会，使其对旅游产业与文化产业融合项目行使统一审批、规划、管理和服务等职能，从而为旅游产业和文化创意产业的融合发展创造有利的政策环境和服务保障。

## （三）形成产业融合共识、营造发展环境

目前，在旅游产业呈现出无边界特征、产业发展出现新融合趋势、旅游需求呈现新特征、旅游发展遭遇新瓶颈的前提和背景下，

旅游行政主管部门要形成产业融合的共识，即文化产业对旅游产业的发展具有渗透和提升效应，而旅游产业对文化产业的发展具有引领和扩散效应。因此，产业融合是两大产业转型升级、实现跨越的内在规律和必然趋势。

在形成这种产业融合的发展观念的基础上，要培育文化产业与旅游产业融合发展的有利环境，形成产业融合所需要的"激活思维"，加强企业间的合作，并依托网络技术为文化企业和旅游企业提供"资讯、交流、营销、商务、交易"五位一体的综合产业平台，为旅游产业与文化创意产业融合创造直接合作机会。只有这样，才能源源不断地为旅游产业提供具有独特卖点和核心竞争力的文化创意旅游资源，并最终促进两大产业互动共生地融合发展。

从旅游开发者的角度来看，其追求更多的是经济效益。然而过度追求经济效益不仅影响旅游者的旅游体验，而且在一定程度上破坏历史文化遗产。我们的政府应该积极倡导以人为本，更加注重旅游者的旅游体验。因此，依托旅游市场发展文化产业、保护与弘扬民族历史文化不仅是可行的，而且是必需的。文化的价值在于延续，在于依托旅游市场发展文化产业，要避免文化变质。在旅游与文化的结合、旅游产业与文化产业的融合中，政府以监护者的身份协调保护与开发，宏观调控产业经济效应。旅游的主体是旅游者，要让游客在旅游中正确地认识旅游地文化的重要性，从而加强保护文化遗产的意识，而不能随心所欲地破坏文化遗产。而旅游地与旅游者沟通的工具是旅游解说系统。通过旅游解说，游客可以准确地理解、认识、欣赏文化，传承弘扬文化，进而达到保护文化的目的。

## 二、市场主导型模式

### （一）提高大众认知能力，引导旅游消费

在当今旅游消费需求日益提升的背景下，对于旅游产业和文化产业而言，培养具有一定数量和水平的消费群体，不仅可以扩大基础消费市场，同时还能引导并参与创意的形成和生产转化。为保持旅游产业和文化产业融合持续、健康、稳定地发展，在目前的旅游产业和文化产业已融合的文化旅游产业领域内，可以通过以下三种途径来吸引更多的旅游消费者。

第一，培养旅游大众的认知能力并提高其对文化旅游产业的接受程度。当前，随着我国数字网络技术的高速发展和人民生活水平的不断提高，网络服务方式日渐成为培养旅游大众的重要途径，这对提升旅游创意产品的认知能力和接受能力具有显著效果。因此，文化旅游业可以与出版社、印刷服务业相结合，通过建设数字广播电视信息平台、博物馆、虚拟图书馆、数字电影放映网络系统和文化旅游在线高峰论坛等高科技手段远程指导旅游者。这种方法在很大程度上培养和拓宽了消费者对国内历史文化特色的了解和对文化旅游产业的认知，这为文化旅游产业的多元化和普及化发展提供了强大的驱动力。

第二，挖掘旅游消费者的需求变化，开发符合其心理需求的文化旅游产品。发展文化旅游产业实际上是通过引导文化旅游消费需求来倡导开拓新的消费空间、培育新的消费群体，以此实现通过深层次旅游消费拉动经济稳步增长的长远目标。因此，国内的新型文

化旅游产品和项目开发，应从旅游者的角度出发，根据其需求层次和认同感的差异，有针对性地设计和生产不同类型的旅游创意产品。在内容上，通过整合两大产业资源、营造文化旅游氛围，设计生产和营销推广集文化性、艺术性、实用性、附加值于一体的旅游商品或工艺品、纪念品；在形式上，通过改造博物馆、环城公园等富有历史感和文化气息的地方，运用创新理念和高端技术，策划并打造出集旅游观光、休闲社区、度假房产等于一体的新颖的旅游产业形态，以此更好地满足旅游者不断提升的心理需求，同时开拓新的消费市场，创造更大的产业价值。

第三，设立旅游服务咨询处，引导旅游者正确选择和参与相适应的旅游活动。以开封为例，根据《开封市人民政府关于开封市支持旅游业发展的若干意见》，市民能通过相关旅游服务来参与社区旅游一体化的建设，从而形成强烈的市民参与旅游发展的意识，有利于形成旅游产业与文化产业融合发展的良好氛围。而且随着旅游者需求的不断提高，旅游资源的范畴也在不断拓展。按照李天元编著的高教版《旅游学概论》（第六版）对旅游资源所做的分类，居民好客精神也属于社会旅游资源的一个重要类别，因此旅游产业与文化产业的融合发展不仅能为两大产业的融合发展提供更广阔的发展思路，而且能够促进当地居民参与到社区旅游一体化的建设中来，通过相关旅游服务形成与旅游者的良性互动。

## （二）开发文化旅游产品，挖掘文化旅游需求

旅游有不断扩展的庞大市场，把文化产品打入旅游市场，可以

不断宣传推广文化产品，从而加快文化产业的发展，这就是产业融合。但是融合不能盲目地打造销售产品，而是应该根据市场需求一点点地推进。旅游产业与文化产业的融合一定要根据市场，找出融合的契机，这样才能充分发挥市场的资源配置作用。只有以市场为导向的产品是有消费市场的，才是满足消费者需求的产品。

在产业融合中企业是载体。旅游消费者的需求具有多样化、个性化的特点，而企业为了提高经济效益，必须生产满足市场需求的新的旅游产品。这种新的高端旅游产品就是旅游与其他产业融合的产物。尤其是文化旅游产品是旅游产业与文化产业融合产生的。所以，旅游产业、文化产业的相关企业通过交流与合作，取长补短、共享市场，形成较为完善的融合产业。

新创意会衍生出无穷的新产品、新财富、新市场和新商机。创意产业的源头是鼓励新创意的产生，因此，激发旅游者新的消费欲望和购买潜力是新创意的市场基础。发展文化旅游产业，培育新的消费群体，实际上是立足于顾客价值创造、挖掘消费新需求，倡导开拓新的消费空间，进而实现消费拉动经济的增长模式。

文化旅游产品的消费因其消费内容主要是观念价值而属于精神需求产品。消费者的心理需求有极大的潜力和空间，是马斯洛需求层次理论的题中之义。因此，最大化考虑并激发和挖掘文化旅游需求，便成为从顾客价值创造的角度设计和生产产品的必然要求。同时，还应根据消费者的需求层次的差异和价值认同的差别，有针对性地开发文化旅游商品或创意旅游商品，通过不断创新文化旅游产品来激发消费者的潜在需求，从而达到创造新需求、获得新财富的双赢目的。

## 三、旅游带动型模式

旅游带动型融合模式可分为主动融合模式和被动融合模式，而旅游产业与文化产业融合发展属于主动融合。旅游产业主动融合模式的特征主要为以下几点：

第一，旅游产业融合的本质原因是旅游服务跨越产业边界及被融合产业中能使旅游服务得以应用和扩散的资源载体，因此旅游产业主动融合中的被融合产业需要具备有形的资源载体，这样才能与旅游服务这一无形要素结合起来，改变被融合产业的产业链及产业功能。

第二，旅游产业主动融合初期主要是基于原有产业的资源要素形成了新型的旅游产品，基于该产品数量的丰富和质量的提升逐渐形成了满足旅游者旅游六要素需求的其他衍生旅游产品。随着原有产业链中产品生产环节的改变，资源开发与产品销售环节也发生了根本的变化，从而改变了原有产业的产业功能，形成了新型旅游业态。

第三，旅游产业主动融合早期阶段表现为旅游新产品的生产，后期逐渐发展为旅游新业态的产生。旅游新产品及新业态丰富了目前旅游产业的产品体系，突破了原有资源观对旅游开发和规划的限制。

基于旅游带动型主动融合模式特征的分析，本书提出了旅游带动型主动融合模式下旅游产业融合发展的相关建议，以期更好地指导实践中旅游主动融合现象的发展。

## （一）改变旅游资源观，鼓励旅游产业与文化产业主动融合

旅游产业与文化产业主动融合时，文化产业需要具有吸引游客、开发利用、产生效益的特征，三者构成其成为旅游资源的可能性，然后旅游服务才能对该产业进行旅游服务功能的延伸融合。目前，全国各地的旅游产业与文化产业融合发展掀起了新的热潮，除了早已遍地开花的工业旅游和农业旅游，旅游地产、旅游演艺、旅游装备制造、旅游电子商务、影视旅游等也得到了迅猛的发展，旅游产业与文化产业融合领域大为拓展，融合深度也有所加强。在旅游产业主动融合中，国家相关政策已经在积极倡导旅游产业对文化产业的融合，在融合对象这一文化产业的选择上不能过于盲目，要基于旅游产业融合的理论基础，有选择、有步骤地开展旅游产业融合。政府改变旅游资源观在促进旅游产业与文化产业融合时，需要对共用资源要素进行辨识，主要选择开发可能性大且吸引力大的资源。政府在改变资源观的同时需要注重旅游者的需求。当旅游活动从传统观光向休闲度假和体验旅游发展时，旅游者的需求已不再是具备单一观光功能的旅游产品，而是能满足其参观游览、休闲度假、娱乐体验的多种旅游需求的综合性文化旅游产品。基于对旅游者需求的把握从而改变旅游资源观，具有针对性和市场可行性。已有的观光类旅游产品不再对旅游者产生足够的吸引力，政府可以针对旅游者的需求将一些文化资源及民情民风等资源开发为旅游产品，推进旅游产业与文化产业的融合。旅游资源观的改变能够拓宽旅游产业融合的文化对象，充分利用旅游资源，进而实现旅游产业与文化

产业融合的发展。

## （二）开发旅游相关产品促进旅游产业与文化产业主动融合

旅游产业与文化产业主动融合期间，首先，基于文化资源平台延伸旅游服务，形成新型文化旅游产品；其次，基于该产品不断地衍生出相关旅游产品，从而改变原产业产品设计、开发和销售环节，实现产业链的转变。旅游相关产品的开发要以被融合文化产业中的资源载体为基础，否则容易导致旅游新业态失去被融合文化产业的特色。如旅游产业对农业文化的主动融合中，餐饮产品的开发应以绿色饮食、农家餐饮为主，住宿产品的开发应基于农村住宿文化资源以体现农业旅游特色，旅游商品的开发也应以农业文化产品或农村手工艺文化产品为基础。以被融合文化产业资源为基础的旅游相关产品的开发与核心产品一起形成旅游新业态的旅游新产品体系，从而更好地体现融合新业态的特色，更好地满足游客的需求。

## （三）因地制宜，促进旅游产业主动融合

政府在对旅游产业与文化产业融合的相关政策制定上，虽然应该大力提倡和引导，但是仍然需要注意因地制宜、因时制宜。在旅游产业与文化产业主动融合的过程中，对被融合文化产业的选择主要取决于该产业中的文化资源基础。我国各地区的文化产业各具特色，并不是所有地区都适合旅游产业对文化产业的主动融合。近年来，海南省创意推出博鳌亚洲论坛，实现了旅游与论坛的成功融合，青海省积极打造环青海湖自行车赛事，实现了旅游与体育的成功融

合。因此，旅游与文化产业在主动融合的过程中，应结合不同地区的优势产业和特色产业，有针对性地选择被融合文化产业的相关资源。

## 四、文化带动型模式

### （一）文化旅游节庆会展融合模式

文化旅游节庆会展融合模式是指发生在具有紧密关联的不同产业之间，使得原本各自独立的产品或服务在某一共同利益的刺激下，通过节庆会展的形式重新组合为一体的融合模式。节庆会展融合模式最突出的代表就是通过节庆和会展来实现两者的融合，主要借助各种节庆会展平台来吸引大量人流、物流与信息流，从而带活举办地的旅游经济。

### （二）文化驱动旅游融合模式

文化驱动融合是指以发展文化为目标，以赋予了创新文化的旅游产品为媒介的融合模式。通过文化驱动融合，使旅游产品被赋予新的精神内涵和更强的市场竞争力，以此形成新的融合型产业体系。文化驱动模式严格控制在文化产业和旅游产业范围之内，以文化产业为引领，主要是文化创意产业延伸到旅游产业。

### （三）文化旅游圈融合运作模式

这一模式是一种集约化的经营开发模式，是指为了获得最佳经济效益、社会效益和环境效益，以文化旅游资源为核心组成的具有一定地理范围的协作和集聚区域，对区域内的文化要素和旅游要素进行有机整合和集约包装，再以某种载体集中展示给游客，其最终发展目标是本土文化旅游圈内交通和通信联系网络化、文化旅游资源开发利用集约化、旅游经济发展规模化、旅游接待规范化等，如文化主题公园、文化旅游村、文化博物馆等就是运用此种模式。该模式的成功运营有利于整合旅游圈内的文化旅游资源，促使圈内各功能区的旅游功能更为合理，实现文化旅游资源优势向文化旅游竞争优势的有效转化，这对于具有良好文化旅游资源禀赋的地区来说是最优的选择。

## （四）实证分析：凤凰文化产业对旅游产业的主动融合

### 1. 凤凰古城文化产业的发展

湖南凤凰古城，被新西兰著名作家路易艾黎称赞为中国最美丽的小城。它有着悠久的历史、铺着青石板的大街小巷、充满民族特色的吊脚楼、苗族的银饰文化及服装文化、美丽的沱江风光和极具民俗风情的篝火晚会。与此同时，又通过政府主导、市场运作、公司经营、群众参与的方式将湖南凤凰打造为天下凤凰，因而凤凰的旅游产业逐步形成。

### 2. 凤凰古城文化产业带动旅游产业的融合发展

凤凰县围绕旅游，加大整合民族民间工艺资源力度，扶持旅游商品加工企业发展，大力开发服饰、食品、工艺品、文化艺术品以及风光和民俗音像、名人名著、蜡染、扎染、银器等民族文化旅游商品。通过精加工、集约化、创品牌，使小作坊有了大眼界、小商品形成大产业。据统计，凤凰县仅面向游客从事银器加工生产的就高达几十家。精品景区有扩展后的沈从文展览馆和熊希龄展览馆，沱江游道三期工程、"烟雨凤凰"山水实景晚会、凤凰国际风情园、八角楼公园、南华山景区、凤凰国家地质公园等项目建设早已竣工。沱江夜景和凤凰古城夜景亮化已打造完成。古唐城整修和景区配套设施建设已运营，黄丝桥古城景区已成为凤凰旅游新的目的地、游客集散地。与此同时，星级宾馆酒店、交通运输、文化娱乐产业、旅游商品专业市场、批发市场等联合发力，带动了商贸流通、运输仓储业、房地产业、批发零售业的快速发展，促使旅游业成为拉动经济增长的重要支撑点。

## 五、文旅一体型模式

文旅产业一体化融合是指"文化产业和旅游产业在一定空间范围内，通过产业规划的一体化、发展的一体化、产品的一体化、服务设施的一体化、市场的一体化和管理的一体化等手段，实现产业你中有我、我中有你的一体化融合发展"。旅游产业与文化产业一体型融合模式的特征主要体现在以下两点：

第一，旅游产业与文化产业一体型融合的本质原因主要是旅游服务和文化产业的无形要素及其在文化产业上得以应用和发展。旅游产业与文化产业一体型融合需要两产业均为软要素驱动的产业，才能基于软要素的扩散去改变被融合产业，同时需要两产业间具有较强的关联性，这样才能实现无形要素在另一产业中的应用和扩散。

第二，旅游产业与文化产业的一体型融合实现了融合产业间的相互改变，因此能够获得更多的创新。

旅游产业与文化产业一体型融合模式同时包含了主动融合和被动融合，实现了旅游产业与文化产业链的共同创新，在旅游产业融合实践中，目前主要表现为旅游产业与文化产业之间的融合。

## （一）强化政府职能，为文旅一体化融合提供政策保障

文化旅游产业是一项涉及面广、带动性大、关联性高、辐射力强、体验性与参与性强的综合性产业，它的发展离不开政府的高度重视和相关部门的大力支持。对此，政府要充分认识并加大政策扶持力度，从而实现文化旅游的有机融合和快速发展，使文化旅游尽快成为区域经济发展的新的增长点。首先，政府部门要高度重视旅游产业和文化产业的发展，制定长远的科学发展规划，确立针对旅游产业和文化产业发展的指南和布局导向。比如，建立专门的产业发展组织机构，制定合理的管理制度，出台相应的产业培育和促进政策，在文化旅游经济的大框架下，推动文化资源与旅游产业间的跨部门、融合式发展。其次，在开发新的文化旅游产品时需要大量资金投入，各级政府部门应当给予一定的财政金融倾斜或资金支持，逐步加大政府引导性投入，协调旅游相关部门的参与，发挥市场机制，不断改善文化旅游发展环境，多渠道增加旅游产业的投入，优化融资环境，拓宽融资渠道，提高融资效益。政府有关部门也应积极支持文化旅游企业进行更新改造和技术创新，切实解决文化旅游企业存在的困难，落实发展项目，改善文化旅游业发展的外部环境。

## （二）加大宣传力度，营造文旅一体化融合的氛围

加强旅游宣传，是旅游产业赖以生存和发展的重要手段。没有文化创意活动的营销，就不会有源源不断的游客。旅游业和文化业的融合发展也需要加强对文化旅游景区整体形象的宣传，以招揽更多的游客。首先，发挥文化旅游协会组织的作用。协会可以充分发挥服务、协调的功能，开展文化旅游讲座，提供行业发展动态；帮助建立文化旅游信息网络，宣传、推介文化旅游产品，为消费者提供信息服务；协助质量监管工作，组织会员订立行规行约并监督遵守等，这有助于旅游产业和文化产业新成果的推广应用。其次，合理利用各种媒体。文化旅游开发离不开各种媒体的宣传推动，从传统的平面媒体、广播电视到新兴的网络信息服务媒体，媒体在文化旅游开发中的重要作用日益凸显。

## （三）优化产业结构，加快文旅一体化融合的步伐

产业结构合理化是指产业与产业之间协调发展能力的加强和关联水平提高的动态发展过程。要加快旅游产业与文化产业有机融合的步伐，就要进一步规范旅游产业与文化产业的经营与管理，优化文化旅游产业的结构。在优化文化旅游产业结构的进程中，要从现有文化旅游资源禀赋、开发现状及存在的问题等实际情况出发，使旅游文化成为一种新的产业来促进区域经济的增长。其核心就是要从文化旅游空间布局、旅游文化产品布局、文化旅游目标市场结构等方面对文化旅游产业进行战略布局。在旅游产业空间布局方面，

可以在文化旅游圈发展的基础上，综合考虑文化旅游产业发展过程中所关联到的旅游产业、文化产业等众多部门，加速部门之间的整合，从而形成完善的产业链；在文化旅游产品结构布局方面，除了保留传统的旅游产品，更应打造出文化旅游产品的特色，使之成为文化旅游产业的标志；在文化旅游目标市场结构方面，应构建新的文化旅游产品销售渠道，形成统一的文化旅游市场。

## （四）完善经营管理机制，提高文旅一体化融合的效率

科学完善的经营管理机制可以有效地提高文化旅游开发商或经营主体等利益相关者的管理效力和决策实施速度，提高旅游产业与文化产业融合运作的效率，增强旅游文化景区的竞争能力与生存能力。要完善文化旅游产业的经营管理机制，最根本的就是面向市场加快相关文化旅游开发商及经营主体的体制改革和文化旅游景区开发管理的体制创新，按照市场运作规则指导文化旅游产业发展。在加快相关文化旅游开发商或经营主体的体制改革方面，要按照现代企业制度的要求，构建统一开放、竞争有序的现代文化市场体系，推动国有文化旅游开发商或经营主体的改制重组，增强其市场竞争力；采取多种形式推动中小文化旅游开发商或经营主体改革，鼓励多种经济成分参与到文化旅游产业的发展当中，积极扶持中小文化旅游开发商或经营主体向经营专业化、市场专业化的方向发展。在加快文化旅游景区开发管理的体制创新方面，要继续探索文化旅游景区按照政企分开、事企分开，所有权与经营权、管理权分离运营的有效途径，推进文化旅游景区开发管理的体制创新，并采取独资、

外资、合资、租赁、承包和出让开发权等多种方式，吸引多方投资参与文化旅游经营。在建立规范的文化旅游市场运作规则方面，要重视建立文化旅游统一市场，培育文化旅游目标客源市场、旅游文化产业供给市场及文化旅游要素市场等，还要协调地方利益与外来企业之间的关系，以保障各文化旅游企业获得公平的竞争环境。

## 第三节 中国文化旅游业发展对策分析

### 一、挖掘文化旅游内涵的建议

#### （一）突出地方文化特色，开发特色旅游产品

旅游商品的生产、销售是旅游业的重要组成部分和重要内容，旅游购物占旅游总收入比重的高低是衡量一个地区旅游业发达程度和旅游经济效益的主要标志。开发文化旅游应该突出自身文化优势，开发研制出具有地方特色的、科技含量高的旅游商品，如农副土特产品、手工艺品等，以激发游客的购物欲望，扩大旅游商品销售，提高旅游产业的经济效益。

#### （二）注重旅游文化定位

对于一个旅游城市，城市文化定位很重要。通过对城市历史文

化底蕴、市县的历史属地关系、未来规划定位、旅游文化资源优势、旅游文化品牌优势、交通地理区位优势、县域经济实力等方面的分析论证，厘清旅游文化定位问题，消除模糊认识，这对于明确方向、科学规划、建设一个富有文化内涵的高品位新旅游区具有重要意义。如有"东方休闲之都"之称的杭州，其文化基调就是休闲。休闲文化是指人在闲暇时，按照自己的兴趣自由选择，用于自我享受、调整和发展的观念、态度、方法和手段的总和。它可以让人提高幸福指数，提升尊严。杭州的旅游策划就定位在这种感觉、这种休闲上，从而创造了杭州的休闲文化。

### （三）提高导游人员的文化素养

导游服务是传播文化的重要渠道，导游人员的讲解及与游客的日常交谈，甚至导游的一言一行都影响着游客，都在传播和扩大一个地区和民族的传统文化与现代文明。导游人员用自己个性化的语言及表达方式，把旅游地的深层次文化底蕴传递给游客，努力让游客在参观中有所收获，使之获得一种艺术享受，并有效地传播一个地方的独特文化。所以，导游人员要加强学习、积累多种文化知识，运用自己高超的口头语言表达能力，艺术而又深刻地把景区的文化内涵传播给游客，帮助形成一种特有的景区文化，这对于景区发展有着很重要的作用。

### （四）注重深度挖掘文物古迹文化

文物古迹是开发利用价值极高的人文旅游资源。我国的文物古迹有时间跨度长、内容丰富、分布面广等特点。不断借鉴并学习先进地区的旅游经验和做法，可加快提高文物古迹旅游资源的知名度。同时要注重对文物古迹的内涵发掘，努力使我国文物古迹在促进旅游发展中发挥重要的作用。

### （五）实施多元产品战略，深度开发特色文化旅游项目

我国疆域辽阔、历史悠久、文化灿烂，发掘我国的历史文化、戏曲文化、宗教文化、民间文化等优秀地域文化，有着广阔的空间。对特色文化的产品化、市场化重组，最大限度地发掘、提升并实现我国旅游业所蕴含的文化附加值，有利于进一步打造特色文化旅游的品牌项目。

## 二、开发文化旅游产业的方略

### （一）开展文化旅游社会认知教育

各级政府应加强与文化旅游开发地的居民——"东道主"的沟通和宣传，把文化旅游认知教育融入文化旅游知识的普及和活动之中；把文化旅游认知教育融入民间工艺技术培训当中；把文化旅游认知教育和各种民俗活动结合起来。组织当地居民在富有特色的歌舞、音乐和节庆等活动中，学习和了解当地文化旅游的相关知识，增强发展文化旅游的信心，激发参与文化旅游开发的兴趣，从而积极参与对文化旅游资源的保护和开发。

### （二）优化文化旅游专业人才的成长环境

各级政府及旅游企业应紧紧依靠大专院校，加快旅游专业人才

的培养。要把文化旅游专业人才的培育和旅游行业岗位培训结合起来；要对经纪人员、导游人员、经理人员进行文化旅游相关知识的培训和教育；要建立文化旅游专业人才激励机制；要积极开展文化旅游专业人才资源的国际合作。

### （三）改善文化旅游产业的投资环境

各级各类政府或企业，要借旅游法出台和实施的东风，努力扩大民营经济和外资直接投资旅游业的渠道，转变政府职能，变管理为服务；建立健全相关的法律、法规和制度等，为民间资本投资旅游业创造良好的法制环境。

### （四）完善文化旅游服务环境建设

深入开展"中国旅游年""中国旅游日"及每年的"旅游主题"等的宣传活动，提高旅游服务单位和从业人员遵纪守法、诚信经营的自觉性，树立良好的旅游行业形象，营造精细化的服务环境和洁净卫生的旅游环境。

### （五）加强文化艺术氛围建设

大力推进文化体制改革和文化产业发展各项政策的落实，总结多年来文化建设的成功经验和失败教训，探讨地方文化与旅游产业相互结合的发展思路，如开展民族歌舞等艺术形式的演艺展示或比赛活动，推出一批反映我国地方文化旅游特色的影视戏曲作品，开展诗词、书画和摄影艺术的创作与表演活动，做好故事的整理编辑和出版工作等，并将其推向广泛的国内外市场。

### （六）构建跨文化旅游传播体系

根据近年来我国各地旅游宣传推广的基本经验和客源市场的发展规律，在5~10年内，我国的国际国内旅游重点客源市场均将呈现快速增长的趋势，同时也将呈现出由内而外的放射状发展态势。其中国内旅游重点客源市场主要是周边地区的国内短程市场、东部城市及沿海地区和港澳台的客源；国际客源主要还是韩国市场，东南亚诸国和日本市场，俄罗斯及欧洲市场，澳大利亚、美国、南非和中东等新兴市场等。各地要善于创新跨文化旅游传播方法，并根据市场需求指导各地旅游产品的开发和包装，策划制订各地的旅游市场宣传营销计划、方案和经费计划。

重视大众传媒的传播作用，研究并制订国际、国内旅游宣传计划，大力开展跨区域、跨国境的文化旅游信息传播体系，还可以考虑组建境外"中国旅游宣传志愿队"，广泛动员华人华侨及境外人士或国内外社会团体灵活持久地开展中国旅游的境外宣传等。

## 三、促进文化旅游业发展的对策

### （一）统一规划，科学开发文化旅游产品

开发文化旅游产品，首先要统筹规划。规划就是为了解决未来发展的问题，对未来发展状态所做的长远的、全面的计划和构想，并对达到构想所采取的策略和行动进行的部署。这是关系到一个地

区旅游业可持续发展之路走向的重要问题。制订规划的第一步就是要确立以文化旅游为中心的旅游发展战略,并在这一战略思想指导下确定文化旅游产品发展的方向,从而有利于合理有序地开发文化旅游产品,统筹安排开发的项目,使旅游产品和项目艺术地融合在自然山水风景和周边人文景点之中,达到全盘考虑开发次序,科学组合并形成各具特色的旅游产品,有计划、有步骤地将包装好的旅游产品推向经过调研的、细分了的旅游市场的目标。

### (二)营造文化品牌,树立良好的旅游形象

一个地区良好的旅游形象是吸引游客的最关键的因素,在国际旅游市场上更是如此。一个地区的旅游形象涉及社会、政治、经济、文化、旅游产业自身等诸多方面。因此,树立良好的旅游形象是一个系统工程。我国各地尚需对现有的文化资源和文化产品在质量上进行大幅提升,切忌出现急功近利的短期行为,切忌出现匆忙上马、粗制滥造、毁坏旅游声誉的行为。文化旅游都要围绕打造品牌和精品开展工作,要善于抓住重点和突破点,如各地具有标志意义的文化品牌、名人名家和历史事件等。

### (三)抓住机遇,提供多方面发展支持

新的历史时期,伴随着社会经济结构的深刻变革,文化旅游产业的融合程度也将更加明显。文化旅游产业的兴起和发展,是生产社会化程度提高和市场经济发展的客观要求,也是提升国民幸福指数和生活品质的主要标志。只要制定并采取积极措施,支持文化旅

游产业的发展，作为有着五千年文明的大国，必将迎来文化旅游快速发展的黄金时期。当然，文化旅游产业的发展还必须依靠环境支持系统，包括从制度支持、政策支持、技术支持到财政信贷支持的一条龙、全方位的支持。只有这样，文化旅游的发展才能进入健康快速的轨道。

### （四）实行市场化运作，搞好多层次联合

在市场经济高速发展的今天，文化旅游产业也将由目前的政府主导型转向市场主导型。政府的作用将越来越局限于引导和提供援助。无论是产业结构的调整，还是产业规模经济效益的形成，都要同市场发育的程度、规模和供求态势相适应，通过市场机制来发挥政策效应，使我国各地的文化旅游品牌冲出地方，辐射全国，影响世界。

## 四、提升文化旅游业竞争力的策略

### （一）制定"保护—发展—输出"的"三步走"策略

在全球化时代，要促进中华文化"走出去"，不能仅仅停留在举办几届中外文化节等方面，文化输出也需要用营销思维来进行考虑。由于不同文化市场的受众对外来文化有着不同程度的接受能力，所以，既要做足市场调研，针对国外受众群体设计出具有中国特色、能满足国外市场需求的文化产品，做出文化品牌，又要在把握传统文化精髓的基础上，对传统文化进行新的诠释，并融入国际色彩。

为此，需要对我国的文化制定"保护—发展—输出"的"三步走"策略，鼓励政府与企业进行角色转换，加强合作。文化企业也要积极参与政府的文化宣传，适时地将文化宣传进化为常驻性文化销售和文化服务。同时，政府更不应居高临下或任由文化企业孤军奋战。

## （二）规划我国文化对外交流和文化产品出口事宜

我国文化事业和文化产业的各个门类分属于政府多个部门管理，从而不可避免地造成了职能交叉、多头管理等现象，从而影响了我国对外文化交流与合作的形象和效率。为此，必须全面规划我国文化对外交流和文化产品出口等事宜，以一个声音对外，利用好现有文化对外宣传的既有资源，先实施"整合"，再进行"拓展"，最终达到"光大"的目的。

## （三）处理好文化的"三个关系"

### 1. 处理好有形文化与无形文化的关系

"有形文化"与"无形文化"是两种不同的文化存在形态。其中有形文化主要指一系列人们看得见摸得着的东西，即物质化的文化成果，属于民族文化中的硬件部分。在民族文化建设的过程中，精神文化是目的，物质文化是实现这一目的的途径和载体，是推进国家文化建设的必要前提，是民族文化建设的重要组成部分和重要支撑。国家物质文化的每一个实体及各实体之间的结构关系，无不反映了某种文化价值观。而无形文化则是指人们的精神信仰、哲学理念、道德观念、价值取向、审美意识及人生理想等，如语言、戏剧、音乐、舞蹈、宗教、神话、礼仪、习惯、风俗、节庆、手工艺等不能够固化的人类财富。在开发我国各地的文化旅游资源的进程中，既要加强对有形文化的挖掘，又不能忽略无形文化。

2. 处理好继承与创新的关系

文化资源包容面很广。随着新时代的到来，一些历史文化要体现其价值，与当下社会相适应，必须实现现代化转换。因此，对文化资源既要继承弘扬，又要善于、勇于整理与创新。

3. 处理好开发利用与维修保护的关系

文化资源是十分宝贵的历史遗产。在新时期，各级政府既要通过充分挖掘其深刻内涵达到提升我国发展软实力的目的，又要采取切实措施加强对我国文化资源的保护，即既要充分开发，又要合理保护，使合理开发与维修保护相结合。

## 五、运用文化因素开发旅游产品的思路

人文旅游资源被打上了深深的人类烙印，具有丰富而深刻的文化内涵。人文旅游产品是由人文旅游资源构成的，是人类文明的载体和人类文化的重要组成部分，它的文化内涵与生俱来，其灵魂是文化，其核心是产品。人文旅游产品是人类活动的艺术结晶和文化成就，是民族风貌和地方特色的集中体现，具有明显的历史痕迹和地域特色。

### （一）创新意识，突出文化旅游产品开发的主题和特色

创新是一个民族进步的灵魂。文化旅游是一项充满憧憬、创意

的文化活动，必须以观念创新来推动文化旅游产品的开发。在文化旅游产品开发的过程中，要按照全面创新的战略要求，用新的思维认识、开发和管理文化旅游产品。

1. 在战略上要有创新意识

要树立符合时代特征和市场方向的文化旅游资源观、产业观和发展观，把观念创新提升到战略层面，以此形成思路、规划、项目、资金、建设、效益、发展等的良性循环格局。在开发实践中坚持"先规划，后开发"和"统一规划，滚动开发"的方针，并通过开展国内、国际合作等形式，提高开发项目规划的水平，为高水准开发文化旅游资源、建设文化旅游精品打好基础。

2. 在项目策划上要有创新意识

文化旅游产品开发的策划要有创新意识，其核心是要把文化旅游资源转变为文化旅游产品。这就要求开发者立足现有的文化旅游资源，精心搞好策划，深挖文化内涵，张扬本土个性。

3. 在表现方式上要有创新意识

特色文化要有合理的表现形式，即既要根据资源特色和不同的消费市场，开发出集展示性、表演性、参与性（体验性）于一体的文化旅游精品，又要注重文化延伸，开发那些丰富多样的文化商品与文化旅游活动，拉长文化旅游产品（产业）链，使文化旅游产品的表现形式具有协调性、多样性和创新性。当然，文化旅游产品开发还必须具备相应的主题。

从发展趋势看，产品主题越鲜明、越典型集中、越富有层次感，就越有利于展示和设计，使其文化内涵得到充分发挥，进而得到旅游者的青睐。因此，文化旅游产品开发应以鲜明的主题为文化形式，以丰厚的品位为文化内涵，以人本主义精神为文化本质，重点体现出异地和异时的文化风格。从根本上来说，就是应该体现独立的文化主题，突出并强化文化旅游产品、文化旅游场景或环境的文化性，以凸显文化旅游产品对文化旅游需求的多元性，从而体现对文化旅游者的人文关怀。

## （二）找准市场定位，掌握文化旅游产品开发的重要环节

文化旅游产品开发的市场定位是在深度市场调研和文化旅游资源科学评估的基础上确定的。文化旅游行为和消费的基本倾向是对异地、异质文化的期望。中国历史悠久、幅员辽阔，从时空角度看，满足这种文化旅游期望的资源极其丰富。不同的历史文化、民族文化、地域文化和民俗文化都可以组合成不同系列的文化旅游产品。如依托已有的考古发现，可以设计组合成历史文化内涵极其深厚的"中国历史文化旅游线路"；依托丰富多样的区域文化，可以设计组合成地方文化色彩浓郁的"中国区域文化之旅"；依托灿烂的中国文化宝藏，可以设计组合成"中国专题文化之旅"等。

1. 变换文化旅游的生活场景，使旅游者置身其中并参与人文景观，产生文化上的"换景移情"

在观光旅游过程中，人们通常追求"移步换景"或"步移景异"的意境。同样，在文化旅游的过程中，人们自然会产生"换景移情"的要求。

### 2. 提升产品内涵，丰富产品内容，展示产品魅力

可通过改变旅游者的生活节奏、生活内容组合，以及形式变化与文化上的反差，来消除旅游者对生活的单调感和乏味感。另外，文化旅游产品开发的市场定位还要处理好产品开发与客源地文化背景的对照关系，这主要包括国内旅游市场和入境旅游市场两部分。其中入境文化旅游市场细分和定位尤显重要，应从表现东方文化的独特魅力、展示中华悠久文明和民族风情及文化寻根等方面来策划与设计文化旅游产品，满足来自世界各地旅游者的需求。

### （三）完善产品体系，实现文化旅游产品多元化开发

旅游产品的文化内涵应充分体现地域性、历史性、民族性，充分体现民俗文化、艺术文化、建筑文化、宗教文化、饮食文化等文化样式的独特魅力，使旅游产品文化呈现出一种具有市场感召力的多元格局。因此，挖掘旅游资源的文化内涵，既包括对经典历史文化名胜的开发或再开发，也包括对许多看似寻常实则内涵丰富的文化资源的开发或再开发；既包括对以实物形式存在的人文旅游资源的利用或再利用，也包括对仅以信息形式存在的人文旅游资源的利用或再利用。所以，在进行旅游产品开发时，应对旅游消费心理进行认真细致的研究，发现旅游者旅游行为的多元文化心理依据，并据此进行文化旅游产品的开发规划。

### （四）旅游文化表现的精品化

文化旅游产品开发中的文化内涵开发是差异化竞争的重要手段。

在充分实现旅游产品大众化的基础上,还应该在分析地方文脉的基础上确定文化的开发方向和主题格调,明确定位,并围绕主题组织内容,进而通过产品形式加以体现,并不断丰富文化内涵,进行创造性的升级改造。其本质在于对文化旅游资源进行概括、挖掘、升华后,通过物化、创新,实现更深层次的整合,将文化内涵渗透并表现在产品的各个层面,形成特色品牌,加强旅游吸引力和市场竞争力。因此,文化旅游产品的开发者必须从长远出发,做好自己的市场定位,深层次挖掘产品的潜力,即充分挖掘内涵,突出特色,提高科技含量,以形成自己的品牌优势。

### (五)旅游产品文化的绿色化

实现旅游产业的可持续发展已逐渐成为人们的共识,但由于种种原因,有利于可持续发展的旅游产品开发行为尚未对不利于可持续发展的旅游产品开发行为构成明显的竞争优势。因此,各种"游牧式"的粗放型资源开发和经营行为仍大量存在,许多旅游资源在不断增长的旅游需求面前显得岌岌可危。如随着中国城市化速度的不断加快及城市居民收入的稳步提升,国内旅游市场对自然资源产品的需求越来越旺盛,因此全国各地都在旅游发展战略中强调了对"生态旅游"的重视,并将进一步扩大对自然旅游资源的开发规模和力度。但是,由于受经济效益驱动或GDP增量的影响,在自然旅游资源的实际开发过程中,往往没有在真正严谨的、全面科学论证的基础上兼顾资源的多元价值,保证"生态旅游"在严格有效的管理下进行,从而出现"不开发不破坏,小开发小破坏,大开发大破坏"

的恶性循环。实际上,旅游产品的绿色化不仅体现在旅游产品的规划和开发中,还体现在旅游产品的各个经营环节之中。

### (六)强化现代旅游规划中的文化权重

旅游规划中的文化属性是旅游文化研究中的一个分支,或称为旅游文化的一个侧面。旅游文化研究必然要建立在普通文化学的基础之上。旅游活动,无论是旅游消费活动还是旅游经营活动,都具有文化性。将旅游作为一种文化现象加以研究,有助于进一步认识和揭示旅游发展的固有规律,促进旅游事业和整个社会的繁荣发展。旅游规划的核心则致力于有效地组织各种文化资源为旅游者创造某种美好的经历,为开发商创造良好的经济效益,为政府带来良好的社会效益,促进当地经济协调快速发展。旅游规划既不是资源评价,也不是市场分析,而是文化资源与市场的匹配,是对旅游最终产品——旅游经历的生产与交换的系统构想,这个最终产品要同时实现游客、开发商与当地社区的价值满足。可见,旅游文化与旅游规划密不可分,旅游文化是进行旅游规划的前提和基础,旅游规划则是对旅游文化的总结、提升和表现。

### (七)重视旅游目的地的民俗文化

发展地域文化,还应关注一个更为长远、本色、深厚的文化资源,那就是民风民俗(民间文化)。根据现有民风民俗文化资源的种类、特点及市场需求状况来看,可重点规划开发民间艺术文化和饮食文化。而开发民俗风情文化旅游产品,应考虑如何把民间艺术转化为产品展现给游客。一方面,可以把这些民间艺术品展览出来供游客参观;另一方面,还可根据旅游目的地的传统文化和民俗风情,积极开发各地富有特色的旅游商品,显示地方特色。民俗风情反映本土性的民俗生活、民族历史和传统文化等,绝大部分内容都经过了千百年的传承,具有古朴、纯真、神秘的吸引力。许多有悠久传统的民俗,富含了在当今都市中已经了无痕迹的"乡土味",而正是这些久违的"乡土味",可能让旅游者难以抗拒。

此外,在产品开发时,应重点突出地方特色文化,开发设计出独具特色的旅游商品,这样才能吸引游客购买。同时,在工艺品的设计上,要提升专业化工艺水平和科技含量,设计新颖精美的外包装,提高产品的档次和文化品位。而在制作和包装上要尽量形成高、中、低三个不同的档次,并在其艺术性、制作工艺等方面加以区别,以扩大游客的选择余地,全面适应多样化、个性化的市场需求。

# 第五章 文旅产业融合发展创新策略

通过对文化产业与旅游产业融合的动力机制、融合模式的研究，结合影响融合的关键要素和融合现实，提出文化产业与旅游产业融合发展的对策。

## 第一节 建立和完善促进融合的顶层制度设计

文化产业与旅游产业的融合发展离不开文化产业的发展、旅游产业的壮大和政府部门的支持，因而文化产业与旅游产业融合的相关系数包括文化创新系数、旅游经营系数和政府引导系数，而它们的变化情况总体上呈现出上下振荡态势，即达到波峰后降到波谷，然后再次达到波峰，如此往复。但是文化创新系数和旅游经营系数的振荡比较稳定，而政府引导系数振荡不稳定，各个波峰的数值相差很大而且没有规律性。政府对文化产业与旅游产业融合影响较大。建立和完善产业融合的顶层制度设计是产业互动融合的根本保障。无论是融合发展的趋势，还是建立统一市场体系的要求，都呼唤着传统文化管理体制和旅游管理体制从行政性的"行业分层管理"走向面向统一市场的综合性大部制管理模式。

## 一、建立文化产业和旅游产业融合机制

长期以来,文化产业和旅游产业都是在管制规则、法律和政策等制度框架内独立发展,存在大量的行政垄断和部门分割现象,高度集中的产业管制产生高度集中的产业壁垒,不仅给文化产业和旅游产业之间的融合渗透造成了极大的难度,而且加大了两大产业融合的"边际成本"。同时要放宽产业管制,破除产业壁垒,恰恰是实现产业融合依赖于顶层制度设计的客观需要。旅游、文化管理部门要加强沟通协作,对旅游产业与文化产业的发展规划、投资项目、扶持政策、宣传推广和人才培养等方面要建立起相互支持、互动发展的工作机制,逐步开拓旅游与文化融合发展的工作路径、实际举措和市场空间。为此,可考虑以下几个方面:首先,建立一个超越产业成员主体之上的组织,如文化旅游产业发展委员会来约束成员主体的行为,制定政策目标,运用政策工具,实现产业竞争力提升的目标;其次,要完善约束机制,主要通过一系列法规制度的完善来实现对相关利益主体的行为约束和监督。

## 二、转变政府职能

根据经济学的观点,生产能力过低阶段,供给能力决定产出,而在供给超过需求时,则是需求决定产出;前者是短缺经济,供给

创造需求，后者是过剩经济，需求创造供给；两个阶段有不同的发展战略和政策需求。对于文化产业和旅游产业的发展，新的政策思维逻辑应该是：要从单纯追求量的增长转变为既要有量的增长，更要关注质的提高，要从主要依靠增加资源的投入和加大政府财政支持力度实现文化产业和旅游产业的发展，转变为依靠企业竞争力提升和产业结构优化，更好地满足人们多样化的文化旅游需求。那么，政府在转变职能方面，在积极调控市场的同时，重在引导旅游企业、文化企业的生产经营活动。在鼓励支持文化企业、旅游企业间的合作，共同开发融合型文化旅游产业项目，帮助解决文化旅游融合发展中的具体问题上多下功夫。继续深化文化企业、旅游企业体制改革，建立产权清晰、权责明确、政企分开、管理科学的现代企业制度。

## 三、加强区域产业规划整合

坚持"互通有无、互为利用、互相促进、共同繁荣"的原则，研究制定"旅游—文化"一体化发展规划，共同做好文化产业与旅游产业融合发展的空间布局和功能区定位，共同谋划一批带动性强、综合效益高的文化旅游重点项目，共同打造兼具旅游与文化品位的复合型产品。同时，政府必须从区域产业结构调整、产业结构转型升级及经济社会发展的大局出发，根据文化产业与旅游产业融合的实际发展情况，以先进开放的理念，编制科学合理的产业融合规划、制定产业融合标准、引导产业融合的发展，为各产业之间的信息交流与合作构建平台，从而最大限度地促进区域文化产业和旅游产业的融合发展。

## 四、制定促进融合产业政策

因为旅游需求具有多样性和动态多变性等特征，所以要在加强对科技进步和需求变化关注的情况下，加强文化产业和旅游产业间的信息沟通和协作，从中寻找融合创新的可能。而在引导两大产业融合的探索中，产业之间探索联合出台有助于融合的促进政策是十分必要的。要打破部门分割的思维，以开放的观念寻求产业发展更广阔的空间，要跳出本产业看待产业发展形势，以产业部门的联动政策的出台，促进产业结构的升级换代。另外，要建立有效的激励机制，力求实现各成员主体的利益最大限度的平衡，可根据需要设立不同内容的专项基金，如"产业融合市场开发基金""融合型产品营销基金""创新性文化旅游人才引进基金""文化旅游环境改善投资基金"等。

## 第二节 确立企业的市场主体地位

企业是市场的主体，市场经济活动中如果缺乏企业的参与，市场就成了无源之水、无本之木。同样，文化产业和旅游产业要实现产业的充分融合，如果没有众多的文化企业、旅游企业的主动参与，产业融合就如同空中楼阁。

承认文化企业和旅游企业的市场主体地位，就是要将文化企业和旅游企业置于产业融合的第一线，围绕企业需求和文化旅游者需求，为企业自主发展提供健康的、良好的发展环境，为文化旅游市场配置资源提供持续的、稳定的政策保障措施；尊重企业的市场主体地位，就是要规范政府和行政主管部门的行为，做到在文化产业与旅游产业融合中既不失位，也不错位，更不要越位，履职尽责，切实发挥好政府的引导作用，尊重企业的自主发展权，鼓励文化企业和旅游企业通过自主创新，开发具有自主知识产权的文化旅游产品，提高文化旅游企业的核心竞争力。

确立融合过程中的企业的市场主体地位，就是要充分发挥市场对经营性文化旅游资源配置的基础性作用，放手让市场和社会去办经营性的文化旅游产业，同时建立多元化投资机制，引入竞争机制。唯有这样，才能不断提升文化旅游企业在发展全局中的能级，催生出具有强大影响力、竞争力的文化旅游龙头企业，改变区域文化旅游产业格局，才会使"被动喂养型"文化旅游单位减少，"主动觅食型"文化旅游企业增加，才会增强文化旅游产业发展的内生动力，才会提高文化与旅游产业的融合力度和广度。

## 第三节　强化知识产权意识，完善文化旅游资本运营

### 一、强化知识产权意识

文化旅游产权使产业能够在知识元素进行文化旅游创造，完成文化旅游创新，从而保证了文化旅游产业能够以创意内容为核心，

完成从"先赋资源"到"后赋资源"的转化,实现文化旅游产业资源的规划、交易、服务和内容生产。

以产权为中心的文化产业与旅游产业融合发展,可以将文化旅游产业从过去的产业寻租转为产权寻租的模式,使自身在产业的核心领域与关键部分拥有自己的知识产权。通过自主创新生成自主知识产权,文化旅游资本能够在资源开发、内容生产、产品交易以及传播各产业环节中实现在地产业、在场产业的自由流通和转换,实现产业的规模生产能力。将我国文化产业与旅游产业融合运营,提升到文化产权的层面,强化文化产权的意识,以及应用文化产权制度与文化产权的能力,使文化旅游产业中文化旅游资本的再开发与再生产具有法律意义上的保护,使文化旅游产品生产具有自己的技术标准,进而有效防止文化旅游资产流失,使文化旅游产业在国际竞争的环境下形成自身产业健康发展的保障体系。

如华强文化科技集团是国内唯一一家业务领域既涵盖影视动漫等内容产业、文化衍生品产业,又包括主题公园的创意设计、研发生产和建设与最终运营的全产业链模式企业,已成功推出未来科幻类主题公园"方特欢乐世界"和中国文化类主题公园"方特梦幻王国"两个完全知识产权的文化科技主题公园品牌。目前该集团不仅在芜湖、泰安、青岛、沈阳、株洲、郑州等地建设了"方特欢乐世界"和"方特梦幻王国"大型文化科技主题公园,迅速提升了"方特"品牌价值,还完成了乌克兰等国主题公园的创意设计,首次将自主品牌"方特"以授权使用的方式输出到伊朗,发展了中国文化旅游产业"走出去"的新模式。

## 二、完善文化旅游资本运营

由于资本运营可以激活资本要素，提高资源配置效率，因此资本运营是一切产业发展的必由之路，也是实现产业资本增值的必要条件。文化旅游产业资本运营的主要目的是激活资本要素，提高文化产业与旅游产业融合资本的市场价值，形成持久发展动力。文化旅游资本是文化旅游资源进入产业领域后，通过产业思维和创新思维，转变为可操作、可交易、可增值的产业单位后形成的。当文化旅游资本进入内容生产与再生产的环节以后，就被转化为文化旅游产品，通过产品市场交易并被最终消费者使用而实现产业的经济价值、文化价值与社会价值。

# 第四节　借力文化旅游产业园区

《中共中央关于深化文化体制改革、推动社会主义文化大发展大繁荣若干重大问题的决定》指出"要推动文化产业与旅游、体育、信息、物流、建筑等产业融合发展"。在国家对文化产业和旅游产业的发展方向和政策导向下，文化产业与旅游产业融合适应性的文化旅游产业园区应运而生。文化旅游产业园区是指在文化底蕴深厚、创意含量丰富的特定空间内，以文化创意构成旅游吸引物，以满足游客"一站式体验"需求为标准，打造完整的旅游及其相关产业链，从而形成旅游景区、企业及相关部门的空间集中和功能集聚区。

## 一、文化旅游产业园的核心属性、特征和范围

中国各地文化旅游产业园区如雨后春笋般地建立起来，如西安曲江临潼、洛阳汉魏故城、隋唐城遗址等，许多城市都提出了建设"文化旅游产业园区"的目标。什么样的园区算得上文化旅游产业园区？文化旅游产业园区与我们经常提到的文化产业园区相比有什么特征？如何打造或者创意构建文化旅游产业园区的独特价值？

### （一）文化旅游产业园的核心属性和内涵

文化旅游产业园是一个以游客为主要服务对象，以文化观光及游憩体验为核心属性，具有文化休闲与创意、旅游观光和体验、度假疗养、会展科教等多种功能的区域。

文化旅游产业园区的内涵至少应包括以下四方面内容：①以某种历史文化集合和时尚文化资源禀赋为依托，以旅游为主导，以文化旅游产业作为园区的核心和支柱产业，开发相关的系列文化旅游产品；②目的是满足当地居民及外来旅游者特定的文化和休闲需求；③反映的是地域特殊的文化、社会与经济需求；④有其特有的运行机制，园区的组织管理是通过专门的管理协调机构来进行的。

### （二）文化旅游产业园的特征

文化旅游产业以营造文化氛围、创造文化体验为基础，是标准的融合性产业。在旅游产业集群化发展趋势以及旅游产品越来越呈现出文化产业特点的背景下，文化产业与旅游产业的融合产生了文

化旅游产业，而文化旅游产业在特定空间的集聚构成了文化旅游产业园区。

通过其定义，不难看出文化旅游产业园区呈现以下三个特征：①创意吸引物是核心。创意是文化旅游创意产业园区形成的基础，"创意火花"为旅游产业与文化产业的融合搭建桥梁，构成园区的核心吸引物。②"一站式体验"是重点。文化旅游产业园区的吸引物或产品较之传统的旅游吸引物，更加注重探究旅游者的深层次需求，园区以创造"体验"来吸引消费者，使游客进入园区后"吃、住、行、游、购、娱"所有的需求都能得到满足。③产业链是延伸。文化旅游产业园区不仅涵盖旅游产业中的六大行业要素和核心的文化创新要素，而且带来了旅游地产、艺术创作、建筑设计、文化教育等相关产业的发展，从而促进了旅游的发展与科技、文化、艺术、生态等多个领域的产业要素有机整合与空间及功能集聚。

### （三）文化旅游产业园的产业体系与范围

文化产业和旅游产业相互紧密关联，同时又具备与其他产业强大的耦合性，文化旅游产业园区就是以某种文化为主线，以文化产业和旅游产业为支柱产业，从产业、商业、旅游、地产、景观等多种维度打造的多功能产业空间。文化旅游产业园从本质上来讲是一种旅游地产在政策导向下的新模式，是"文化+旅游+地产"的三位一体的联动开发模式。文化是统领，是整个园区发展方向的灵魂；旅游是引擎，能够促进产业发展，提升城市形象，实现人气聚集；而地产则是园区开发建设的重要保障。这种"三位一体"的开发模式实现了产业间的相互补充和支撑。文化旅游产业园内的产业体系要形成以旅游为主导的现代服务业和文化产业结合的泛旅游概念，包括文化主题公园、文化旅游景区、文化旅游创意、文化旅游线路、文化旅游商品或文化旅游纪念品、文化旅游传播、文化旅游开发、文化旅游休闲、文化表演、文化旅游娱乐、文化旅游保护及文化旅游传播、娱乐配套设备及用品的生产经营等。

## 二、文化旅游产业园区的"钻石模型"

使命或目标决定事物的存在，运转良好的文化旅游产业园不在于其外在形式，而关键在于其使命或目标是什么。文化旅游产业园的根本使命或目标是推动文化旅游产业的集聚发展，实现文化旅游创意、文化旅游资源等产业要素的附加价值和规模效益。

文化旅游产业园区的核心要素是产业集聚和融合。文化旅游产业园是文化旅游产业集聚和融合的外在形态，是创造文化旅游产业竞争优势的空间载体。如何形成产业集聚和融合，迈克尔·波特认为，产业集聚和融合是多种要素综合作用的结果，形成要素的"钻石模型"是实现产业集聚和融合的重要前提。他认为，一种产业或一个企业的竞争优势有两种基本形式：一种是成本优势，另一种是差异化优势。而作为高层次的形式，差异化竞争优势需要"钻石模型"中各种要素相互配合才能形成。

作为文化旅游产业园区，其产业集聚和融合的基本形态是产业链。产业链经营是文化旅游产业园的基本商业模式。文化旅游产业园之间的竞争不是企业与企业之间的竞争，而是产业链与产业链经营之间的竞争。文化旅游产业园的建设要通过构建产业链来实施差异化竞争，提升文化旅游产业园的竞争优势。如何构建产业链，这就需要充分考虑文化旅游产业园产业链构建的相关因素。

## 三、文化旅游产业园区发展要素

在泛旅游产业体系的支撑下，文化主题、文化旅游吸引物、文化旅游设施、文化旅游服务、文化旅游开发投资等只要与文化旅游相关的领域都可作为文化旅游产业园的发展要素。通过以上对文化旅游产业园区内涵的解读，根据对于多个文化旅游产业园区项目的总结，成功构建文化旅游产业园区需要基于七大要素：文化主线的选择与定位；整合资源，塑造园区产业驱动力；文化旅游产业要素体系构建完备；创新文化旅游体验模式；创意构建文化旅游产品；强化营销策略整合；构建全新的管理融资机制。

### （一）文化主线的选择与定位

文化旅游是通过文化内容创新和旅游项目开发来满足消费者"求知、求新、求奇"需求的，因此，特色是文化旅游的灵魂，文化是特色的基础。文化资源是文化旅游产业园区的特色，独特的文化内涵也是吸引游客的核心所在，在构建文化旅游产业园区之前，必须对选址地的历史、旅游资源进行分析，深入挖掘文化资源并对其进行再塑造，利用现代的、创新的、商品化的手法，通过文化主线的选择和定位，确定整个文化旅游产业园区的发展方向。

## （二）园区产业驱动力的塑造

在文化旅游产业园区的打造中，一个或两个核心项目难以承担区域产业驱动力的重任，必须整合区域内资源，在整个园区通过策划创意构筑具备国际性、前瞻性、市场吸引力的 1~2 个具有文化主题的体验项目和吸引社会关注的大型旅游项目，迅速聚集人气，形成市场引爆点，为整个园区的顺利打造创造良好的市场和产品基础。

## （三）文化旅游产业聚集要素完备

一系列文化旅游产业要素是文化旅游得以优化和提升的重要基础，在文化旅游产业聚集的打造过程中，要对文化旅游产业链上的每个环节进行整合思考，系统配置各要素节点之间关系，才能形成完整的产业聚集与社会经济全面发展的解决方案。因此，文化旅游产业园内要素体系的建设应以文化旅游体验为核心，从硬件和软件两个方面完善，提升餐饮、住宿、交通、购物、娱乐等设施建设，拓宽产业要素和配套工程体系，与社会经济文化资源全面结合，形成集"吃、住、行、游、购、娱、体、学、疗、悟"于一身的完善的产业要素体系。

## （四）游憩体验方式的创新

文化旅游产业园区快速可持续发展的关键在于文化旅游产品和项目是否具有特色的观赏性和旅游体验价值，即如何通过游憩方式的创新，让游客通过视觉、味觉、嗅觉、听觉等全方位地参与或体验，充分理解旅游产品的内涵和特色，满足体验经济时代文化旅游消费的深度需求。曲江新区在建设之初就提出了全方位体验而非局外观赏的原则，在一批重大文化项目的强劲拉动下，形成了集吃、住、行、游、购、娱于一体的宏大的游憩体验体系，既有静态观赏，也有参与演艺。消费者得到的是对文化信息的吸收、身临其境的游历感，以及一种身处文化氛围、直击内心的深层体验。

### （五）创意构建文化旅游产品

中国旅游产业发展正在经历从资源导向到市场导向的转型，现在又被纳入文化创意产业。在这个发展阶段，资源已不再是文化旅游发展的决定性因素。需要用创新思路和理念指导产业开发方向，挖掘、整合和激活资源的"文化之魂"。

文化旅游产业的经济价值取决于资源的文化价值、现代科技和生活时尚，三者缺一不可。文化元素一旦与现代科技和时尚生活相结合，就会产生巨大的社会影响力。文化旅游产业园区内的产品体系是文化创意产业与旅游产业的集合体，而不是通过复古和再造来实现对本地人文历史的重新认知和认同，应符合国家政策，遵循文化产业规划要求，利用旅游产业的集聚性和强带动性，发展和打造文化旅游创意产品。

### （六）强化整合营销策略

整合营销传播指除了传统的广告媒介传播方式外，任何与品牌形象有关的元素、任何一个与消费者接触的点，都在起着传播的作用。华侨城在开发出一系列市场所需的主题产品的同时，积极利用景区舞台、演艺资源来打造演艺精品，组织参加各种形式的推介会，提高市场认知度，开展与社会和媒体的有效合作，使得一些国家级政治文化活动在华侨城举办。

## （七）创新管理融资机制

借鉴成功文化旅游产业园区的范式，运用"管委会+公司"的模式对园区进行管理运营相对比较有效。管理委员会对园区实行封闭式管理，并在城市总体规划框架内，负责园区内土地审批、规划、开发、建设、收益权等。发展文化旅游产业园区，不能单靠政府出资，而是要采用市场化运作方式，组建文化旅游产业投资公司作为平台实施市场运作，在不受行政区域限制的前提下，依托那些具有或经过包装后具有商业开发价值和盈利空间的资源积极策划相关项目、编制局部发展规划、实施产业开发。

投融资机制的创新，需要从文化旅游投融资、经营运作、人力资源建设、市场保障体系建设、资源保障体系五大层面对整个区域的开发给予全面保障，要建立投入机制，制定科学的投融资优惠政策，采取财政投资和筹措资金相结合的方式，加大投入力度，配套完善园区基础设施；包装开发条件相对成熟、市场前景优良的重点项目，吸引企业投资，促进"投资—效益"的良性循环，从而实现对整体区域的有效开发；坚持政府主导下的市场化投融资机制，制定优惠政策，加大招商引资力度，吸引各种外来投资，建设重大文化旅游项目，促进文化旅游产业园区大发展。

## 第五节　探索旅游演艺新模式

事实证明，旅游演艺已经成为文化产业与旅游产业融合发展的最佳结合点。旅游演出在国外已有了较大的发展。国外比较成熟的演艺文化功能区，演出门票和因演出带动的其他相关收入之比可以达到1∶7甚至1∶100。目前，我国绝大多数省份都有了自己的旅游演艺项目，旅游市场越发达的地区，旅游演艺的发展就越成熟，出现了很多旅游演艺的知名品牌。演艺内容主要涉及地方的民俗风土人情，演出形式按演出地点主要分为主题公园演出、山水实景演出、剧场巡演类演出，制作手段多以传统演出表现形式与现代多媒体电子手段相结合，给观众带来如梦如幻的视觉冲击。

### 一、旅游演艺模式构成要素

从商业模式的角度来讲，旅游演艺与传统演出最大的不同就是能够吸引旅游者，延长其逗留时间，从而产生溢出效益，带来商业利益。旅游演艺相比其他自然景观项目具有更大的挖掘和提升空间，旅游地每推出一项新的演艺产品，就有可能成为景区新的经济增长点。

1. 价值主张

旅游演艺的价值主张可以是某种文化旅游资源，可以是某种艺术理念，也可以是某种表演艺术形式。相比于传统演出，旅游演艺的价值主张创造性地将演出资源与旅游资源相结合，为演出提供了丰富的主题与内涵，旅游目的地的自然、人文资源是演出创作取之不尽的源泉。《印象·刘三姐》创造了"山水实景演出"的全新概念;《云南映象》是一部既有传统之美，又有现代之力的大型原生态歌舞集;《功夫传奇》是对中国古老的武术形式极具诗意与创造力的一次再现;《时空之旅》是一档大型超级多媒体梦幻剧娱乐秀。

这些依据地方文化特色、民俗资源和市场需求而形成的旅游演艺具有独特的价值主张，突出文化性、娱乐性以及时尚与传统相结合的特征，使其更具市场召唤力，能够很好地满足游客求新、求异的消费需求。相比于传统旅游项目，它是对文化旅游资源的深度挖掘，是一种创新的旅游产品形式;相比于传统演出项目，传统文化的沉淀和国际化的时尚元素是其发展的生命力，产品特性符合新时期市场需求的特点和发展趋势。在演出产品同质化日趋严重的今天，这种独特的价值主张有助于演出企业有效抓住消费者目标群体。

2.消费者目标群体

目前，旅游演艺客源主要有三类，一是本地居民，因为是多次消费，他们关注更多的是演出中的娱乐成分，获得精神上的愉悦与放松是他们选择旅游演艺而非其他传统演出的主要原因;二是商务散客，这一部分游客行动自由，有一定的消费能力，他们在旅游消费项目的选择上也具有更多的自主性与多元性，因此独特的价值主张对于他们来说是最重要的;三是旅游团队，这部分游客往往时间仓促，而且一般观看旅游演艺是由导游推荐或者是旅游项目中的一项，因此要把握住这一部分游客。

旅游演艺的消费者目标群体还是以游客为主。这种独特的目标群体能够为旅游演艺带来源源不断的客源，这也是旅游演艺能够得以天天上演的一个重要因素，从而延长了演出产品的生命周期。这部分人求新、求异，随着大众旅游的普及，以及人们休闲娱乐意识的增强，很多游客不再满足于静态观景点的旅游方式，希望获得更丰富的文化体验。旅游演艺作为专门为旅游者提供的休闲娱乐产品，在保证艺术性的同时更注重娱乐，使游客得到精神上的放松，达到愉悦身心的目的。

3. 分销渠道与合作伙伴网络

从目前各地旅游演艺的发展情况看，旅行社、旅游演艺制作单位、地方政府已经建立了比较稳固的合作伙伴关系。传统的演出企业的合作伙伴网络主要由演员、舞美、灯光、音响、导演、作词、作曲、舞台监督等构成。较之传统演出，旅游演艺无疑拥有广泛的分销渠道与合作关系网络，这也是商业模式优势的综合体现。从旅行社角度来讲，旅游演艺是展示、演绎旅游地文化最生动的形式，更能吸引游客前往。同时，由于旅游演艺与旅游地点近，不需要更多复杂的路线设计与安排，而票务的团购又能享受若干折扣，旅行社从中也有利润可得，对于旅行社也是创收的好机会。

从旅游演艺制作单位角度来讲，它能够提供源源不断的观众，延长产品的价值链。从地方政府的角度来讲，一场富有地方特色的旅游演艺，在文化层面有利于对地方文化资源的深挖以及地方文化的弘扬，扩大地方的知名度；在经济层面有利于增加当地的旅游收入，完善产品结构，拉动相关产业的发展，促进整体经济的发展。

4. 价值配置与核心能力

从旅游演艺的角度来看，价值配置与核心能力主要是对文化资源、旅游资源、演出资源、人才资源、资本资源的整合能力。较之传统演出，旅游演艺可掌控的资源越多，就意味着旅游演艺的生产销售流程越复杂。因此，要想将地方的文化旅游资源融入演出节目中，建立一个高成本运作的旅游演艺的投融资体系，协调与合作伙伴之间的战略关系，在旅游产业链上占有重要一环，等等，都要求企业具备一定的价值配置与核心能力。目前，国内一些成功的旅游演艺项目在这方面有着不可超越的独特优势，并且能够带动旅游目的地相关产业的发展，获得较高的经济效益。

## 二、典型的旅游演艺商业模式

旅游演艺商业模式的建立表明旅游演艺要进入市场，必须有一套适应市场特点的商业模式。有了与市场接轨的商业模式，就能提高旅游文化产品的市场竞争力，实现演出资源、资本和人力资源的优化配置，将资源优势转化为产业优势和经济优势，实现良好的经济和社会效益。基于国内一些发展比较成熟的旅游演艺经验，可以尝试在以下几个方面做一探索。

1. 基于蓝海战略的商业模式

蓝海战略是 2005 年由 W.Chankim 和 Renee Mauborgne 在《蓝海战略》一书中提出的。蓝海战略认为"市场可分为红海和蓝海。红海代表已知的市场空间，蓝海则意味着未开垦的市场空间、需求的创造以及利润高速增长的机会"。价值创新是蓝海战略的基石。企业如果要赢得明天,不是以在红海领域中击败竞争者为目的,而是拓展新的非竞争性的市场空间。与已有的、通常呈收缩趋势的竞争市场需求不同,蓝海战略考虑的是如何创造需求,突破竞争。

2. 基于连锁经营的商业模式

连锁经营一般是快餐和零售业的商业模式,即在不同区域进行"复制",比如连锁超市、快餐店等。所谓连锁经营是"公司采取纵深式的管理方式,直接经营、投资、管理各个零售点的经营形态。连锁经营在本质上处于同一流通阶段,经营同类商品和提供相同服务,并在同一经营资本及同一总部集权性管理机构统一领导下进行共同经营活动"。连锁经营的优势在渠道,也就是通过渠道的拓展扩大市场份额。这样的商业模式具有"统一资本、集中管理、分散销售"的特点。

3. 基于规模经济的商业模式

规模经济是"大规模生产导致的经济效益"的简称,是在一定产量范围内,假设固定成本不变,那么新增的产品就可以分担更多的固定成本,从而使总成本下降。规模经济是通过扩大规模来表现的,通过对企业规模的分析,确定它的最佳经济规模,按照这个经济规模组织生产经营活动,以使企业获得最高经济效益。当经济效益达到最佳状态时所对应的经济规模,就是规模经济。

4. 基于资源整合的商业模式

任何外部资源转化为竞争优势,都要经历选择、吸收、内化和外化的过程,在这个过程中,整合能力起决定性作用,既决定资源配置的效率，又决定资源利用的效率；内部整合通过提供必要的产品、服务和技术支持提升竞争优势。资源整合的商业模式意味着改变既有的竞争规则，改变企业价值链构成，往往也能够为企业赢得发展的空间与时间。

5. 节庆演出基地商业模式

节庆演出基地商业模式是指在传统的旅游节庆活动策划中加入创意元素，通过改变场地、变换活动形式、重组并完善活动内容以及创新宣传等方式，来扩大节庆演出活动对游客的吸引力。如华侨城通过创意造节，形成了"月月有节过"的欢乐场面，民俗村的傣族泼水节，世界之窗的国际啤酒节，欢乐谷的国际魔术节、玛雅狂欢节，已成为华侨城文化旅游的经典品牌。

# 第六节　推进文化旅游产业集团化建设

文化产业与旅游产业融合的最终结果就是通过产业融合，产生一大批具有更强产业竞争力的文化旅游产业集团。这种大型产业集团集文化创意、产品开发、产品销售、旅游服务及文化之间的交流于一体，在国内外塑造品牌优势。

## 一、文化旅游产业集团化的界定

文化旅游产业集团化是指以核心文化旅游资源为主体，通过资本纽带或者协作经营关系等方式，组成文化旅游服务经营活动的各种组织的结合体。旅游集团作为一种产业组织形式，相比于单一的旅游企业规模更大、竞争力更强。

狭义的文化旅游产业集团化是指由众多文化旅游企业共同组成的文化旅游集团公司。这种形式的集团化，可以使文化旅游企业集团拥有雄厚的资金，在贷款、融资方面具有明显优势。

广义的文化旅游产业集团化还包括基于某一核心文化资源，引导文化产业、旅游产业和相关产业及配套设施和服务，按照专业化分工和协作关系，共同形成的互相联动的复杂系统。这种形式的集团化，可以帮助文化旅游企业共享服务资源，提升区域文化旅游吸引力，促进各种资源的优化配置，从而增强区域文化旅游产业的竞争力。

## 二、文化旅游产业集团化的分类

为了更明确地认识文化旅游集团的内涵，可以从不同角度来分析文化旅游集团化的类型。

1. 政府主导型文化旅游集团和市场推动型文化旅游集团

文化旅游产业的集团化是推动文化旅游产业组织结构优化发展的必要手段。因此，按照推动文化旅游产业组织结构优化发展的主体不同，可以分为政府主导型文化旅游集团和市场推动型文化旅游集团。

政府主导型文化旅游集团是基于文化旅游产业发展的要求，政府主动出面参与或指导文化旅游集团的组建。一般包括两种形式：

一种是政府通过对国有文化企业、旅游企业的改造，实行全资注入、兼并改造和特许经营等方式在短时间内实现文化旅游企业的集团化；另一种是政府出面调和与组织当地文化企业、旅游企业通过契约关系组建文化旅游企业战略联盟组织。

市场推动型文化旅游集团是文化产业、旅游产业发展到一定阶段，完善的市场体制已经建立起来，由产业发展的内在规律引起的文化旅游资源和规模大、效益好的大型企业集中融合，形成文化旅游集团。一方面，文化企业、旅游企业通过自身的发展，规模不断扩大，通过兼并、投资入股等方式实现文化旅游企业集团；另一方面，文化企业、旅游企业面对市场激烈的竞争，自发地兼并或者联合组建文化旅游集团。按照组建方式，可将文化旅游集团分为资本运作型、资产管理型和战略合作型文化旅游集团。

（1）资本运作型文化旅游集团是文化企业、旅游企业凭借自身的经营优势和经济实力，在资本市场和其他产权交易平台上，通过发行股票、兼并收购、交叉持股、资产重组等方式建立的以资产关系为纽带的文化旅游集团。

（2）资产管理型文化旅游集团是文化旅游企业通过自身的经营积累缓慢发展的传统模式。企业通过自身的积累，在各地建立分支机构和营销点，按照统一的经营管理模式实现的具有产权隶属关系的文化旅游集团。

（3）战略合作文化旅游集团是企业为了实现自己的战略目标，与其他企业建立起优势互补、利益共享的松散联盟，企业之间可以通过合资或者契约形式缔结合作关系，它是文化旅游集团化发展的一种补充形式。

2. 横向一体化旅游集团和纵向一体化旅游集团

按照发展的目的不同,文化旅游集团可以分为横向一体化文化旅游集团和纵向一体化文化旅游集团。

(1)横向一体化文化旅游集团是指以文化企业(旅游企业)为核心,通过兼并、对外投资等方式同旅游企业(文化企业)建立文化旅游集团。这种形式的文化旅游集团一般是为了通过产业投资来达到分散风险的目的。

(2)纵向一体化文化旅游集团是指把与文化旅游业务经营的各项要素结合起来进行融合经营和管理的一种集团经营方式,是对文化旅游活动多个流程阶段的重新组合。建立纵向一体化文化旅游集团是文化旅游企业面对市场激烈的竞争所采取的以扩大文化旅游集团规模的一种有效措施,可以分为前向一体化和后向一体化两种类型。

## 三、文化旅游产业集团化发展路径选择

1. 加强政府引导,整合国有文化旅游企业,组建文化旅游集团

文化旅游产业集团化发展是文化旅游市场发展的必然趋势,是企业之间通过控股、互相持股、契约或者战略联盟等市场行为组成的利益共同体。政府通过对国有文化旅游企业的股份制改造,实行全资注入、兼并改造和委托经营等方式,可以在短时间内对其他文化企业、旅游企业进行控制。加强政府引导的优势在于可以克服在产业形成初期企业所有制结构不合理、资本积累时间短和地方

割据严重的障碍，可以在短时间内实现产业的集团化发展。其缺点是容易造成核心企业的经营风险加大和产生产权不清的情况。因此这种模式成功的关键在于当集团形成后，政府主导应当退出，让位于市场机制，政府通过经济、法律手段对文化旅游集团进行宏观调控。

2. 整合同类文化旅游资源，构建大型文化旅游集团

文化企业和旅游企业是文化旅游产业融合的主体，企业实力的大小和创新能力的高低对能否实现融合起着关键的制约作用。各地现有的靠行政力量捏合形成的文化旅游集团，培育文化旅游集团一方面靠政府扶持，另一方面也是更重要的方面，是在市场竞争中经受磨炼而自然成长，这样的集团真正具有创新能力和竞争能力。

同类文化旅游资源的整合不仅可以提升文化旅游资源的文化内涵，还能够实现在资源整合驱动下的文化旅游产业集团化发展。文化旅游资源整合的核心就是形成文化旅游资源的产业化整合。就企业而言，这种文化旅游资源的整合并不是简单地将单个文化旅游资源集中起来，转为文化旅游资源集群区域，而是根据文化旅游资源和市场情况，继续扩大资源优势，提高文化旅游产品的竞争力，深入挖掘文化内涵，做大做强文化旅游产业。与此同时，抓住市场机遇，培育文化旅游企业主体，实现由单一的文化旅游资源展示向文化内涵丰富的多元化产业集团发展。文化旅游产业的集团化发展，应当结合区域内文化资源的分布特征。

3. 整合互补文化旅游企业，构建多元化发展的文化旅游集团

多元化发展的概念是由著名企业战略理论家伊戈尔·安索夫首

次提出的。他总结出企业成长的基本方向有四种,即现有市场内增长、开发新市场、开发新产品以及多元化。实施多元化的主要动机一般有两种:一种是将产业延伸到新的领域寻求更大的利润,另一种是将部分资源配置到不同的领域规避风险。本书的文化旅游集团的多元化发展是指以具有核心竞争力的文化企业或旅游企业为基础,为了充分发挥核心产业的竞争力,尽可能地把核心竞争力延伸到对方的新产品开发或者进入新的市场。

文化旅游产业发展的核心是对文化内涵的深入挖掘,形成具有较高审美价值和较强文化认同的文化产业与旅游产业的融合发展。因此,文化旅游集团化发展应当更加注重对文化创意、文化表现、文化传播等方面的深入拓展,形成以文化旅游为主,多元化发展的文化旅游集团。例如,文化旅游集团可以借助城市周边文化旅游基础建设条件好的区域,承办一些规模大、专业性强、有影响力的大型商务会议、文艺会演、体育赛事、专业论坛等,丰富文化旅游产业新业态的发展。

4. 整合相关辅助企业,构建纵向一体化文化旅游集团

文化旅游的纵向一体化是文化旅游企业之间为克服市场失灵和组织效率下降的一种制度安排,既能够发挥专业分工带来的报酬递增,同时又能够节约由于交易范围扩大而产生的交易费用,使一体化内的企业获得相对其他单个企业的竞争优势。纵向一体化的发展是将既有的产业部门通过某种合作方式串联起来,并尽可能地向上下游产业延伸,实现不同产业的企业之间联合发展。通过延伸产业链构建纵向一体化文化旅游集团,有利于解决文化旅游市场高交易

成本的状况。

文化旅游产业是一个综合性的产业，它不仅涉及餐饮住宿、旅游交通、风景观光、购物、娱乐等方面，还涉及文艺表演、文化创意产业等诸多领域，因此文化旅游产业的纵向集团化应当加强对文化旅游产业相关的各个辅助产业的整合。可以借助一些具有国际影响力的文化旅游景点，加快构建纵向一体化文化旅游集团。

5. 加强跨区域合作，构建跨区域文化旅游集团

文化旅游集团应当是一个开放的系统，文化旅游企业不仅要保持其在集团中的独立位置，而且应当凭借其自身的特点，加强区域文化旅游企业之间以及跨区域的文化旅游集团之间的交流合作，通过合资、委托和契约等方式，制定共同发展战略，从而促进整个文化旅游产业的发展。

在大力发展旅游企业集团的同时，应当从战略高度提倡和推动文化旅游企业之间的联合发展，形成具有地方特色的大型文化旅游集团组织，促进旅游企业之间的专业化分工和协作，防止文化旅游企业的过度竞争和自我封闭。提倡文化旅游企业之间进行资源共享、风险共担，利用各自企业的专业特点进行业务整合，形成具有竞争力的文化旅游产业集团组织。通过企业之间构建的合作组织，可以扩大规模，提高协同效应，降低成本，实现企业的长远发展。通过跨区域建立文化旅游集团之间的战略合作关系，可以促进文化旅游集团快速占领区域外的文化旅游市场，提高自身的经营管理水平，扩大集团的产业规模。战略合作的文化旅游集团之间在资源占有上是具有互补性的，通过战略合作可以促使彼此之间的优势互补，将

业务延伸到战略合作伙伴的市场当中,从而降低交易成本。战略合作集团同样可以产生协同效应,在管理、技术等各部门之间进行优势互补,使集团企业之间分散的优势组合形成综合优势。

# 参考文献

[1] 孟光,余珉露.扎根本土 创新演艺——"畅想未来·文旅融合新时代下的演艺产业创新实践"高峰论坛综述[J].黄河之声,2019(20):145.

[2] 蒋燕君,李梦华.文旅融合视域下菏泽市文旅产业发展策略研究[J].菏泽学院学报,2022,44(06):18—22.

[3] 魏楷林.数字媒体艺术在文旅产业领域的运用途径[J].艺术家,2022(11):137—139.

[4] 张柏林.元宇宙赋能文旅产业的理论基础、实践前景与发展策略[J].河南社会科学,2022,30(11):116—124.

[5] 徐苗苗.工业旅游产业创新发展:文旅业态构建的行动框架及发展路径[J].产业创新研究,2022(20):52—54.

[6] 周浩华,李斯娜.肇庆市文旅产业融合发展的策略探究[J].西部旅游,2022(16):105—108.

[7] 张迎.数字经济与文旅产业融合发展模式和方法[J].商业文化,2022(18):100—102.

[8] 吴屹,黄晓望,郑名宏.技术美学时代的农文旅产业创新研究[J].智慧农业导刊,2022,2(11):29—31.

[9] 张子健,许琳,赵岳庆,等.红色文化融入文旅产业的路径研

究——以刘老庄镇为例[J].旅游纵览,2022(11):99—101.

[10]夏瑾仟,杨璐.邵阳市文旅产业融合发展现状与对策研究[J].中阿科技论坛(中英文),2022(05):120—123.

[11]周浩华.5G背景下数字文旅产业的发展方向与策略研究[J].中国商论,2022(09):144—147.

[12]袁建伟,叶文静.文旅融合视角下绍兴旅游产业创新发展研究[J].绍兴文理学院学报(人文社会科学版),2022,42(02):106—113.

[13].成都市人民政府办公厅关于印发培育文旅消费新业态推动文旅产业创新发展实施方案的通知[J].成都市人民政府公报,2022(02):27—31.

[14]赵雁婷.结合"一带一路"契机甘肃创新文化旅游产业发展模式[J].今日财富,2022(02):13—15.

[15]冯廷.大同文化产业创新发展研究[J].科技经济市场,2021(12):8—11.

[16]牛海龙.以数字金融推动文旅产业创新发展"试验田"建设[N].中国企业报,2021-12-14.

[17]华萍,王彦会,张艺缤.黄河流域文旅产业高质量发展水平测度与提升对策研究——以河南省为例[J].对外经贸,2021(11):91—94.

[18]卢迪.开封农商银行:为文旅产业创新发展注入金融血液[J].当代金融家,2021(11):113—115.

[19]王颖.科技创新视角下彭水县文旅产业融合发展研究[D].重庆:重庆师范大学,2021.

[20] 毛峻凌,翁贝贝,俞炜桢,何爽."互联网+"特色小镇文旅产业创新发展模式探究[J].当代旅游,2021,19(13):33—34.

[21] 郭升.商业银行金融支持对河南省文旅产业发展的影响及对策研究[D].郑州:郑州大学,2021.